うん古典

うんこで読み解く日本の歴史

大塚ひかり

新潮社

はじめに　「出すこと」は生きること

生物は、入れて出す。

呼吸も生殖も新陳代謝も、この仕組みで動いています。

入れたら必ず出さないと、命に関わってくる。

とりわけ高齢者にとっては、食べることより「出すこと」が大事と、介護職の友人は言っていました。

出すことが滞ると、気分が滅入り、食欲も失せ、生活の質が低下する……高齢者ならずとも、身に覚えのあることでしょう。

うんこを出すことは、生きる源とも言えるわけです。

そんなうんこの話を、古典文学を読むたびにファイリングしてきました。

そして調べれば調べるほど、考えれば考えるほど、うんこの奥深さに震え、そのパワーに目を見開かされました。

何より古典はうんこの話であふれている。

うんこから神が生まれる『古事記』『日本書紀』の話に始まって、『風土記』の神のうんこ我慢比べ、『万葉集』の糞の歌、『落窪物語』のスカトロ趣味、『源氏物語』のうんこによるいじめ、『往生要集』のうんこ地獄、『今昔物語集』や『東海道中膝栗毛』のうんこ食い等々……古典文学や歴史書、宗教書に見えるうんこ話は質量共に圧倒的です。

本書ではそうした「うんこネタ」をもとに、それらのうんこ話を生んだ時代背景や歴史状況、当時の日本人の心性といったものに迫りたいと考えています。

また本書では、基本的にうんこという語を使っていますが、古典文学に出てくる呼び名は、古代の『古事記』から近世の『東海道中膝栗毛』まで、ほとんどが〝屎《くそ》〟（〝糞〟）です。

語源は諸説あるものの、「クサ（臭）の転か」（『日本国語大辞典』）というのが納得しやすいでしょう。

「異香を放つもの、奇しきもの、霊妙なもの」つまりは楠の「クス」と同根という説もあります（李家正文『古代厠攷』など）。

昔はうんこを筥《はこ》（箱）にして処理していたところから、うんこそのものを〝はこ〟と呼ぶこともあります。

一方、うんこの語源についてですが、『日本国語大辞典』によれば、「『うん』はいきばる声。『こ』は接尾語」であって、「大便をいう幼児語」といい、いわゆる擬音語からきているようです。

うんこということばも古い由来を持つという説もあるものの、古典文学では見たことがないので、比較的新しいことばであろうと私は考えています。

破壊力と創造力、時に批判力さえあるうんこの深みに、共にはまっていただければ幸甚です。

うん古典 * 目次

第二章　王朝のうんこ　仏教思想との関係

第三章　中世〜近世のうんこ　トイレは異界への入り口

第四章　近世のうんこ　経済や心との関係

うん古典——うんこで読み解く日本の歴史

凡例

＊本書では、古典文学から引用した原文は〝　〟で囲んだ。
＊〝　〟内のルビは旧仮名遣いで表記した。
＊古代神話の神名は原文では漢字だが、文献や登場箇所によって表記がまちまちなため、基本的に片仮名にした。
＊天武以前は、天皇は大王、皇后は大后と呼ばれるが、便宜上、天皇・皇后で統一する。景行などの漢風諡《おくりな》も八世紀後半に決められたものだが、煩雑になるのでそれ以前の天皇も諡で記す。
＊引用した原文は本によって読み下し文や振り仮名の異なる場合があるが、巻末にあげた参考文献にもとづいている。ただし読みやすさを優先して句読点や「　」を補ったり、片仮名を平仮名に、平仮名を漢字に、旧字体を新字体に、変えたものもある。
＊とくに断りのない限り、現代語訳は筆者による。
＊引用文献の趣意を生かすため、やむを得ず差別的な表現を一部使用している場合がある。

第一章　古代のうんこ　うんこの破壊力と創造力

1　うんこ中に神に魅入られた美女　祭祀施設とトイレの関係

「日の神が新穀を召し上がる時になって、スサノヲノ尊はその御殿のお席の下に、ひそかに自らうんこをしておいた。日の神はそれを知らずにじかに席に座られた。そのため日の神はすっかり体調を崩された。それで怒り恨んで、そのまま天の岩屋に入られて、その岩戸を閉ざしてしまわれた」

〝日神《ひのかみ》の新嘗《にひなへ》きこしめさむとする時に及至《いた》りて、素戔嗚尊、則ち新宮《にひなへのみや》の御席《みまし》の下に、陰《ひそか》に自ら送糞《くそま》る。日神、知ろしめさずして、俓《ただ》に席《みまし》の上に坐《ゐ》たまふ。是に由りて日神、体挙《みみこぞ》りて不平《やくさ》みたまふ。故《かれ》、以ちて恚恨《いかりうら》みたまひ、廼《すなは》ち天石窟《あまのいはや》に居《ま》しまし、其の磐戸《いはと》を閉《さ》したまふ〟

『日本書紀』神代上［第七段］一書第二

〈神に大小便をかける〉

ミミズにおしっこをかけるとおちんちんが腫れる。と、明治生まれの亡き母方祖母は言っていました。理由については、「ミミズの出す汁でかぶれる」と言っていたように記憶しますが、なぜ地面にいるミミズの出す汁で、高い位置にあるおちんちんが腫れるのか、今ひとつ理解できませんでした。

が、これと似たような話が『常陸国風土記』(七一五以前)にはあるのです。

常陸国の久慈の郡の賀毘礼《かびれ》の高峰という山には、タチハヤヲノ命という天つ神(高天原から天降った神)がいました。この神は〝松沢の松の樹の八俣《やまた》の上〟(松沢の松の木の幹がたくさんに枝分かれした上)に鎮座していたのですが、村人が〝大小便《ゆばりくそ》〟をかけると、祟って人を病気にしていました。〝神の祟〟に苦しんだ人々は朝廷に訴え、人里近いもとの場所から山の峰、つまりは賀毘礼の高峰に神を移したのでした……。

賀毘礼の高峰の所在については諸説あるものの、茨城県日立市の御岩山(入四間山《いりしけん》)にあてる説が有力といいます(新編日本古典文学全集『風土記』校注)。

いずれにしても、神に大小便をかけると祟りがあるとは、ミミズにおしっこをかけるとおちんちんが腫れるというのとそっくりだと思うのですが、しかしそもそもなぜ村人はわざわざ神の鎮座する木の股に向かって〝大小便〟をしていたのか、という疑問が残ります。

ひょっとしたら、そこには、村人も忘れた太古の記憶があるのではないか。

糞尿に関する古代人の信仰の名残があるのでは……そんな思いを胸に、神話時代のうんこに迫ってみましょう。

〈うんこから神が生まれる〉

「うんこ」と、声に出すだけで笑いがこみあげ、恋も色気も厳粛な気分もぶち壊しになる「破壊力」。それ自体が肥やしとなって新たな生命を生み出す「創造力」をも併せ持つうんこは、世界の破壊や構築を語る神話そのものにも重なり、日本最古の文学である『古事記』(七一二)でも重い位置を占めています。

国生みの夫婦神として名高いイザナキとイザナミは〝みとのまぐはひ〟をして国土や神々を生んでいくものの、妻イザナミが火の神を生んだところ、女性器が焼けただれたのがもとで病みついて死んでしまいます。その断末魔にも、〝たぐり〟(嘔吐物)や〝屎《くそ》〟や〝尿《ゆまり》〟から神を生み出します。

〝屎〟から生まれたのはハニヤスビコノ神とハニヤスビメノ神という名の神。ハニ(〝波邇〟)とは耕作に適さぬ粘土質の赤土のことで、埴輪のハニでもあります。粘土とうんこ、似てますものね。

ちなみに〝尿〟から成った神の一人であるワクムスヒノ神の子が、伊勢神宮の外宮の祭神で、食物神であるトヨウケビメノ神です。トヨウケビメノ神の先祖はもとを辿れば女神のおしっこだったのです。

〈神の食卓をうんこで汚す〉

そんなふうに糞尿を垂れ流しながらも神々を生んだイザナミは、死者の行く黄泉の国へと赴きます。そして、妻イザナミを黄泉の国に追ったイザナキは、うじがたかる妻の姿を見て、逃げ帰るわけですが……。

その時、死者の国の汚れを祓う禊ぎで生まれたスサノヲは、のちに、同じく禊ぎで生まれたアマテラス大御神が〝大嘗《おほにへ》〟を召し上がる御殿に〝屎〟をし散らし、汚しています。

天皇の代替わりに大嘗祭が行われたことが話題になりましたが、〝大嘗〟とは神や朝廷に献上する食べ物のこと。食事時にうんこの話をするのは現代でもマナー違反なのに、スサノヲは、よりによって神聖な食事の場にうんこそのものをするという罰当たりな行為をしたのです。

それでもアマテラスは咎めずに、

「〝屎〟のようなものは、酔って吐き散らそうとして、〝我《あ》がなせの命〟（我が弟君）がそうしたのでしょう」（〝屎の如きは、酔《ゑ》ひて吐き散《ちら》すとこそ、我がなせの命、如此《かくし》為つらめ〟）

と、あえて好意的に別の解釈をして語り直しました。言霊の力を借りて、忌まわしい事件をなかったことにしようとした、というのが通常の解釈です。

しかし、と私は思うのです。

本当にスサノヲの行為は忌まわしいものであったのか。

確かに、この物語が語られた『古事記』成立時点では、忌まわしいものだったかもしれない。

　けれど、もっと昔は、その行為に何か意味があったのではないか。そして、タチハヤヲノ命のいる木の股に大小便をかけた村人の行為の裏にも、そこが神聖な場所だからこそ大便をし散らすというような太古の記憶があったのではないか……。それが、文字を記す時代になると、忘れられたため、こんな罰当たりなストーリーが語られるようになったのではないか……。

〈うんこ中に神に魅入られた美女〉

　そんなふうに思うのは、『古事記』におけるうんこというのは単に汚れたものとばかりは思えぬ要素があるからです。

　たとえば、初代神武天皇の皇后選びについて、神話はこんなエピソードを伝えています。神武天皇にはすでに妻子がいたものの、さらにれっきとした皇后を求めていた時、

「ここに乙女がおります。彼女は神の御子と言われています。そのわけは」（〝此間《ここ》に媛女《をとめ》有り。是、神の御子と謂ふ。其の、神の御子と謂ふ所以《ゆゑ》は〟）（中巻）

と重臣が切り出したのが、うんこにまつわる話です。

　その乙女の母である〝美人《をとめ》〟が〝大便《くそま》らむ〟とした時、三輪のオホモノヌシノ神の化けた〝丹塗矢《にぬりや》〟（赤く塗った矢）に〝ほと〟（女性器）をつつかれた。美人が矢を床に置くと、矢はたちまち〝麗《うるは》しき壮夫《をとこ》〟となって、二人はセックス。生まれた娘の名は〝ホトタタライス

スキヒメノ命〟。

「〝ほと〟に矢が立って、あわてふためいたことから生まれた姫」の意です。

「こんなわけで、その乙女は神の御子と言われるのです」（〝是《こ》を以《もち》て神の御子と謂ふぞ〟）という説明によって、こうしたエピソードゆえ、彼女は皇后となるにふさわしい乙女であると見なされたことが分かります。

うんこ中に神に性器をつつかれた女から生まれた……などというと、現代人の感覚からすれば、隠さなければならない不名誉な感じがあると思うのですが、当時の人にとっては、「ほほう、その矢というのは神の化けたものだったのですね。なるほど神の子なら、皇后にふさわしい高貴なお方だ」

ということになるのです。

だから名前にも堂々と〝ほと〟が入っているのですが……。

〝ホトタタライススキヒメノ命〟のまたの名は〝ヒメタタライスケヨリヒメ〟といい、『古事記』編者の注によると、〝ほと〟という名を嫌って、後に改めたといいます。

時代が下ると人々の価値観も変わっていったのでしょう。ホトタタライススキヒメは今でいうなら「マンコ立ちあわて姫」みたいな名前なのですから、後代の人はちょっと口にしにくいかもしれません。

けれど〝屎《くそ》〟のほうは、神話時代から見ればかなり後世になっても人の名に付けられていて、『日本書紀』（七二〇）には〝倉臣小屎《くらのおみをくそ》〟という名が出てくるし（孝徳天皇白雉元年二月十五日条)、平安遷都を果たした桓武天皇には「藤原小屎」という名の妻もいる(『本朝皇胤紹運録』)。

〝ほと〟を人前で口にできないもの、〝屎〟を単なる汚い排泄物と見なしていたら、名前になど付けないわけで、〝ほと〟といい〝くそ〟といい、古代人は、一見、恥ずかしかったり汚かったりするものでも、それにパワーを認めた場合、そのパワーを取り込み、あやかろうとさえしていました。

〝くそ〟は、古語で敬愛の称でもあって、平安中期の『大和物語』一三八段にも、〝こやくしくそ〟と呼ばれる人が登場します。今で言うなら「こやくしちゃん」「こやくしさん」といったところです。

〝ほと〟に関してはかなり早い段階……『古事記』成立時点ではすでに「口にするのは恥ずかしいもの」という感覚が芽生えたものの、〝くそ〟に関しては相当、後代になっても恥ずかしい……という感覚はなかったわけです。

〈祭祀施設とトイレの関係〉

この、大便中の美女を犯すという神話が初代皇后のエピソードとしておおっぴらに語られるという古代人の感覚について考えた時、古代のトイレは水洗式で、しばしば禊ぎの祭祀跡と間違えられるほど、両者は似ているという事実を思い出します。

大田区立郷土博物館編『トイレの考古学』によれば、たとえば纏向《まきむく》遺跡の導水施設は、

「これまで水に関わる祭祀遺構として考えられてきた」のが、考古学者の金原正明が発掘調査中に採取した木樋内部にたまった土壌の中から「糞に特有の寄生虫卵と食物残渣が多量に検出されたことから、木樋自体がトイレ遺構の一部ではないか」（前掲書）ということになって、「遺構全体が水洗式トイレそのものの可能性が高い」という見方が生まれてきているといいます。

神武天皇皇后選びの説話から考えるに、トイレと祭祀施設はイコールであった可能性もあるのではないか。

そもそも「禊ぎ」の語源は「身削ぎ」という説もあります。

排泄を最大の「身削ぎ」と考えれば、トイレが禊ぎ場所と直結してもおかしくないでしょう。

大便中、神に魅入られた神話の美女はひょっとして巫女的な人で、巫女の神懸かりなどというのも、もとは神との性愛によるエクスタシーを意味したんじゃないか。売春婦のルーツは巫女ともいいますが、そうして神との交わりを売り物にしてきた巫女たちが、信仰の薄い時代になって、神からスライドして人の性の相手をするようになったのでは……。

太古の昔、巫女が神と通じる場所が、祭祀施設であり、トイレだったのではないか。

もとより断末魔のイザナミが糞尿から神々を生む行為と、黄泉から帰ってきたイザナキが禊ぎで神々を生む行為とのあいだに、さして隔たりがあるようには見えません。

神の中では、脱糞と神を生み出す生殖行為はニアリーイコールです。

そして、そういう神と通じる場所が祭祀施設でありトイレであった。

大小便をするというのは神とつながる行為とさえ言えるわけで、ひょっとしたら、『常陸国風土記』で、タチハヤヲノ命に大小便をかけていた村人は、もともとは神とつながるためにそうしていたのが、いつしかその意味が忘れられ、敬意も失われ、やみくもに大小便をかけるようになって神の祟りを受けるようになったのではないか。

スサノヲが神聖な食事場所で自ら脱糞したというのも、穢らわしいタブーを犯したように見えて、その実、そこが神聖な場所だからこそ、うんこをしたと見ることができるのではないでしょうか。ただ汚すためなら、なにも自らうんこをする必要はありません。犬のうんこでも他人のうんこでもいいわけです。それをわざわざ自分でその場に仕掛けたのは、元来、そこに意味があるから……そんなふうに私は思うのです。

〈ミミズとおしっこの関係は……〉

ちなみに『なぜ秋ナスを嫁に食わせてはいけないのか？』（日本迷信調査会）によれば、ミミズにおしっこをかけるとおちんちんが腫れるというのは、ミミズがいた土に触れた手でおちんちんを触ると、土の中にいる細菌などの微生物が時に悪影響を与えるからではないかといいます。また、ミミズが出す体液によって腫れるのではという説もあるそうですが、その報告例は見られないのだとか。

あるいはミミズは、蛇のような神の使い、ことによると神そのものとして、とらえられていた時代があったのではないか。それで、小便をかけることによって神と通じていた、それが、いつしかその意味が忘れられ、面白半分に小便をかけることになって、おちんちんが腫れるという神罰を受けるよ、ということになったのでは……。

タチハヤヲノ命のいる木の股に村人が大小便をかけたり、スサノヲがアマテラスの大嘗殿でうんこをしたり、オホモノヌシが時もあろうにうんこ中の美女を見初めたり……といった神話を見ると、そんな想像も働いてしまいます。

2 「うんこ王」と国作り　うんこ＝土を制する者が国を制す

「堲岡と名づけるわけは、昔、オホナムチノ命とスクナヒコネノ命が言い争いになって、『堲（赤土）の荷を担いで遠くに行くのと、うんこをしないで遠くに行くのと、この二つのことを、どちらができるだろう』という話になった。オホナムチノ命は「俺はうんこをしないで行こうと思う」と仰せになった。スクナヒコネノ命は、「俺は堲の荷を担いで行こうと思う」と仰せになった。こんなふうに競争しながら出かけたところ、数日経って、オホナムチノ命が『俺はもう我慢できない』とおっしゃると、すぐにその場にしゃがんでうんこをした。この時、スクナヒコネノ命が笑って、『うん。苦しい』と仰せになって、これまた担いでいた堲をこの岡に投げつけた。それでそこを堲岡と名づけた。また、うんこをした時に小笹がそのうんこを弾き上げて着物に付いた。それでそこを波自加《はじか》の村と名づけた。その堲とうんこは石となって、今もそこにある」

〝堲岡《はにをか》と号《なづ》くる所以《ゆゑ》は、昔、大汝《おほなむち》の命と小比古尼《すくなひこね》の命と、相争《あらそ》ひて云《の》りたまひしく、「堲の荷を担ひて遠く行《ゆ》くと、屎下《くそま》らずして遠く行くと、この二つの事、何《いづ》れか能く為《せ》む」とのりたまひき。大汝の命曰《の》りたまひしく、「我は屎下らずして行かむと欲《おも》ふ」とのりたまひき。小比古尼の命曰りたまひしく、「我は堲の荷を持ちて行かむと欲ふ」とのりたまひき。かく相争ひて行きたまひき。数日《ひ》を逕《へ》て、大汝の命云《の》りたまひしく、「我は忍び行きあへず」とのりたまふすなはち坐《いま》して屎下りたまひき。尓時《そのとき》、小比古尼の命咲《わら》ひて曰《の》りたまひしく、「然《しか》り。苦し」とのりたまひて、亦《また》その堲をこの岡に擲《なげう》ちたまひき。故《か》れ、堲岡と号く。又、屎下りし時に、小竹《しの》その屎を弾《はじ》き上げて、衣《みそ》を打ちき。故れ、波自加の村と号く。その堲と屎と、石と成りて、今に亡《う》せず〟

『播磨国風土記』神前《かむさき》の郡

〈元祖国作りの神は男二人〉

バディ物という物語のパターンがあります。

バディとは相棒・兄弟のこと。ドラマ「相棒」のように、主として男の対照的な二人組が繰り広げる物語を指し、同性愛に厳しかったかつてのアメリカでは、オープンに男どうしの友愛を示せる貴重なジャンルとして映画・ドラマ界で流行ったそうです。

このバディ物の日本における元祖が、オホナムチとスクナヒコネ（以下、スクナビコナ）の国作りの物語ではないか。と、かつて指摘したことがあります（アディ・オンライン「変態の日本史」第二回「男どうしの国づくり」）。

『古事記』『日本書紀』には、イザナキ・イザナミの夫婦神のセックスによって〝国を修理《つくろ》ひ固め成〟すという神話と、オホナムチとスクナビコナという男どうしが〝国を作り堅め〟た神話と、国作り神話が二つあって、どうやらイザナキ・イザナミ神話のほうは官製の『古事記』『日本書紀』のために新たに作られた話であり、元祖国作り神話は男どうしのほうらしい（西條勉『「古事記」神話の謎を解く』）。

オホナムチ・スクナビコナの国作り神話は、各地に伝承がある上、諸国が編纂した土地の報告書である『風土記』や、日本最古の和歌集『万葉集』にも語られていて、こちらのほうが古くからあった話と思われるのです。

また、オホナムチ（オホアナムチ、オホナムヂとも）という名は、『古事記』によれば大国主神の別名の一つで（上巻）、『日本書紀』によると、スサノヲの五世の子孫、もしくは六世の子孫となっていいます（神代上［第八段］一書第　・第二）。スサノヲこそは、日本国を最初に作った神の先祖で、アマテラスとその子孫たちは、スサノヲやその子孫の作った日本国を、油揚さらうトンビのごとく、「国譲り」という名目で奪ったわけです。

そんなオホナムチとコンビを組んで国作りするスクナビコナは、スクナヒコナ、スクナヒコネともいい、神の指のすき間からくぐり抜けて地上に落ちた、親指姫のように小さな神です。

この二人（二柱の神）の物語がまさにバディ物で、とくに『播磨国風土記』（七一五以前）では、男二人のでこぼこコンビが、弥次喜多道中よろしく諸国を旅して、稲種を置いたり、女とデートの約束をしたり、時には喧嘩や悪ふざけもする。

〈うんこを我慢するか、埴を担ぐのを我慢するか……語呂合わせの重要性〉

その重要エピソードの一つにうんこ話があります。

「〝埴《はに》〟（土）を担いで遠くに行くのと、〝屎《くそ》〟をしないで遠くに行くのと、どっちが我慢できるか」（〝埴の荷を担ひて遠く行くと、屎下らずして遠く行くと、この二つの事、何れか能く為む〟）

と言い争いになって、大きなオオホナムチがうんこを我慢し、小さなスクナビコナが重たい土を担ぐという絵柄的にも滑稽な事態になります。

結果、オホナムチが「もう我慢できん」とうんこを漏らした。その時、小笹がうんこを弾いて着物に当たったので、そこは〝波自加《はじか》の村〟と名づけられた。

神の所業がこのように地名の由来となって、それが数多く語られるのも『風土記』や『古事記』の特徴で、その多くが駄洒落的なものであるのは、思うに日本にもともと文字がなく、漢字が伝来した際、従来のことばの音を漢字に当てる作業が文字を綴る作業とイコールであったことが関係していると私は考えます。たとえば神々の性交を表す〝みとのまぐはひ〟は〝美斗能麻具波比〟と、漢字の音を使って表現する。つまりは「よろしく」を「夜露死苦」と当てるような作業が、歴史書や地誌を綴る仕事内容だったわけで、勢い、「音が同じ」ということが大事になって、一種の「当て字文化」のようなものが生じ、現代人から見るとオヤジギャグのような駄洒落が、重大事として扱われたのではないか。それが〝眺め〟と〝長雨〟を掛ける和歌の掛詞につながり、〝その手は桑名の焼き蛤〟などの慣用句を生んだと思うのです。

まして、文字を読み書きできるのは渡来人や一部のインテリだけだった『風土記』や『古事記』の編纂時、うんこを弾いたから〝波自加〟というのは、単なる駄洒落にとどまらぬ、文字という「先端技術」を操る編者による「腕の見せ所」的な要素があったはずです。

もちろん、大男のオホナムチが小男のスクナビコナに敗北するという結果を含め、この話は古代人にとっても、お笑い的要素のある神話であるのは違いないのですが……。

〈うんこと埴〉

話をうんこにフォーカスすると、オホナムチが我慢したうんこと、スクナビコナが担いだ埴《はに》は、異なるようで、実は通じ合うものがあるのです。

1で、イザナミが死に際、〝屎〟をした時、そこから生まれた神の名を覚えていますか？ハニヤスビコノ神とハニヤスビメノ神です。女神のうんこから成ったのは〝埴〟、耕作に適さぬ赤土もしくは粘土の神だったのです。

東ゆみこによると、うんこをするという行為は、

「『クソ』をした側の国の占有の失敗と関連している」（『クソマルの神話学』）。

アマテラスの宮でのスサノヲの脱糞行為も、高大原を占有しようとしたものの、失敗したという意味合いがあると東氏はいいます。

うんこと埴（赤土・粘土）は見た目からして重なるところがあり、東氏も指摘するように、

『日本書紀』には、初代神武天皇が倭国を制圧するため、倭の象徴たる天香山（以下、香具山）の土を盗ませるという説話（神武天皇即位前紀戊午年九月五日条）があります。こうした話が成り立つのも、土が国そのものを表現しているからで、土を盗むのに成功した神武は、先住民から倭を乗っ取るのに成功します。

土を手放すという行為は、屎を体から放つという行為と通底しています。だから、うんこをする＝クソマルとは、

「まさしく土、ひいては国の放棄の意味となる」（東氏前掲書）。

クソ＝国なので、そのクソを我慢できずに尻から出してしまうというのは、国を放り出すこととイコールというわけです。

その伝で行くと、先にクソをしたオホナムチが国の占有に失敗したのはもちろん、あとから土を投げ出したスクナビコナも同じく失敗者と見ることができ、結局、二人の作った国は、アマテラスの子孫に乗っ取られるという未来を物語っているのでしょう。

〈うんこ王〉

うんこと国土獲得の失敗ということでもう一つ思い出すのは、タケハニヤスノ王《みこ》の説話です。

イザナミのうんこから生まれた神ハニヤスビコとそっくりな名を持つこの王は、崇神天皇の叔父で、国を狙っていた。というのはあくまで崇神目線の文脈で、実はタケハニヤスノ王

のほうがもともと国を牛耳っていたのを崇神側が奪った可能性もあり、です。というのも当時、崇神の伯父のオホビコノ命が、越国《こしのくに》で不思議な少女の歌を聞いたと報告します。『古事記』によれば、これを受けた崇神は、
「これは山城国にいる私の異母兄のタケハニヤスノ王が邪心を持っているしるしに違いない」（〝此は、山代国に在る我が庶兄《ままね》建《たけ》波《は》邇安王《にやすのみこ》の、邪《あ》しき心を起せる表《しるし》と為《あ》らくのみ）と言い、反旗を翻したタケハニヤスノ王夫婦を攻撃し、殺させるのです（中巻）。

越国で伯父が聞いた歌が、山城国の王の反乱の予兆というのは唐突で、これは山城国のタケハニヤスノ王を攻撃する口実に使われたとしか思えません。

系譜上ではタケハニヤスノ王は崇神の叔父に当たるはずなのに、〝庶兄〟と言っているのも疑問で、タケハニヤスノ王はオホビコノ命にとっては異母兄弟なので、天皇の言う〝我が庶兄〟を「お前の異母兄」と解釈する説もあります。が、このあたりの系譜はあとから作られて錯綜している可能性もあり、でしょう。

また、このセリフは『日本書紀』では崇神の大おばのヤマトトトヒモモソビメノ命のものになっていて、それによると、タケハニヤスノ王の妻が香山（香具山）の土を盗み、夫婦で倭国奪取を謀ったことになっています（崇神天皇十年九月二十七日条）。

興味深いのは、タケハニヤスノ王の軍勢が総崩れとなって追い詰められた時、〝屎〟が出て褌《はかま》に付いた。それでその地を〝屎褌《くそばかま》〟と呼ぶようになったという落ちです。

イザナミの〝屎〟から成った神の名に「ハニ」（〝波邇〟＝埴）の名がついていたことといい、オホナムチとスクナビコナが埴とうんこを同列に論じていたことといい、神話では埴とうんこはほとんど同趣のものとして登場します。

タケハニヤスノ王のハニもまた、戦いの際に漏らしたうんこのエピソードと響き合っている。

思うに、この王の名はもともと「ハニ」ではなかったのでしょう。

それが戦いでの敗北と、うんこのエピソードから、「ハニ」の名が付けられたのではないか。

東氏のいう「うんこをする」＝「国を手放す」＝「敗北」という図式がここにもあるわけで、そうした一連のストーリーが、「ハニ」という名と「うんこをする」というエピソードに込められていると思うのです。

つまりはタケハニヤスノ王というのは「うんこ王」なのです。タケはヤマトタケルの「タケ」と同様、猛々しい、勇ましいの意ですから、正確には「勇ましいうんこ王」といったところでしょうか。

逆に言うと、そんな名前をつけられるほど、初期天皇家にとっては強敵だったわけです。

太古、名前と人間は一体であるという名実一体の思想があったことは知られています（穂積陳重『忌み名の研究』など）。それを逆手に取って刑罰としての命名も行われていました。

有名なのが和気清麻呂《わけのきよまろ》で、彼は、道鏡を皇位につけようとした称徳天皇に、宇佐八幡宮の神意を確認させられるものの、女帝の意に反した神託を持ち帰ったため、「別部穢麿《わけべのきたなまろ》」と改名させられ流罪に処せられています（『続日本紀』神護景雲三年九月二十五日条）。

タケハニヤスノ王というのは、勝利者となった天皇家がライバルにつけた、敗北者の刻印的な名称だったと思うのです。


〈うんこを出すことが国を手放すことなら、うんこを体内に入れる＝食べることはどうなのか？〉


しかし……と私は考えます。

うんこをすること＝土・国を手放すことであり、土を盗むこと＝国を盗むことであるならば、うんこを盗んだり、体内に入れる、もっと言えば「うんこを食べる」という行為は、国を手に入れることとイコールになりはしまいか。

うんこを食べたり盗んだりという行為など、いくら何でも古典に描かれてはいまい……と思うでしょう。

それが描かれているのです。

ただし、どちらも平安時代の書物に描かれていて、国盗りとは無関係です。

日本の話ではないものの、アステカにはうんこを食べる神もいます。

そのあたりの詳細は第二章で触れるとして……。

〈糞置村〉

先日、自分的・うんこ的見地からして珍事がありました。

いつものように図書館で面白そうな廃棄図書を物色していたところ、『絵引荘園絵図』（荘園絵図研究会編）という学術書が目についたのです。何気なくページをめくると、そこに「糞置荘《くそおきのしょう》」という文字があります。

糞置荘ですよ！

同書によれば、「糞置荘」は、越前国足羽郡内の糞置村にあった東大寺領の荘園です。成立は天平勝宝元（七四九）年で、平安中期ころには荒廃し、まもなく消滅したらしい。この荘園の絵図は麻布《あさぬの》に描かれたものが正倉院に現存しているという、非常に由緒ある荘園なのです。

場所は現福井市郊外の二上・帆谷・太田町地区に比定されているというこの糞置荘、気になるのはその名の由来ですが、残念ながら同書には触れられていませんでした。

そこでネットを検索してみたところ、福井テレビのＨＰ内にある「うーちゃんの町内遺産」という記事のエントリー№51が糞置荘のことを取り上げていました。

それによると、地元の歴史や伝説を調べている「村の歴史懇話会」というグループが名の由来を探っているといい、

「その奇抜な名前の由来は諸説あり、未だ謎のままとのこと。一説には、『糞』は高貴な字であるという説。他の説によると、この地域の土壌は、鉄分を多く含むことから、黄色や赤

茶色をしたいわゆる〝糞色〟の土が出土したことから命名されたなどなど、いわれはいくつも存在していた」といいます（https://www.fukui-tv.co.jp/?post_type=okaeri_uchan&p=12992&page=5 エントリーNo.51 福井市文殊地区「珍名遺産〝糞置荘〟」）。

赤土であればハニ（埴）でしょうが、荘園として開拓されたなら、土壌の質はどうだったのか。そう思って先の『絵引荘園絵図』を見ると、「開田率は一七・二パーセント」。同書のほかの荘園の開発状況を見ると、八一パーセントというものもあるので、少ないほうです。ということは、耕作に適さなかった埴、「村の歴史懇話会」のいう「黄色や赤茶色」の土が多かったのかもしれません。〝糞色〟の土というのも粘土質の埴を指しているのでしょう。

一方で、糞を積極的にネーミングに使用する例もあり、孝徳朝には〝倉臣小屎《くらのおみをくそ》〟（『日本書紀』白雉元年二月十五日条）という人、桓武朝には〝藤原小屎〟（『本朝皇胤紹運録』）という名の女性がいたことはこの章の1で触れました。

「村の歴史懇話会」が糞を「高貴な字」と言っているのはそういうことを指しているのでしょうか。

気になるのは〝糞置〟の〝置〟で、実際に糞を置いていたのか。はたまた、『風土記』の地名由来譚的にいえば、継体天皇など、誰か高貴な人がそこに糞を置いたから……といった伝説があったのか。たとえば京都の笠置寺の名の由来は、『今昔物語集』（一一三〇ころ）によると、天智天皇の皇子の大友が馬に乗って鹿を追っていると断崖絶壁に至り絶体絶命になった。そこで山の神に祈り、助けてくれたら岩に弥勒菩薩を彫ると約束。助かったあと、目印にかぶっていた笠を置いたことから、その名がついたといいます（巻第十一第三十）。糞置もそんな感じのストーリーがあったのでは……などと想像が広がります。

3　万葉人はなぜうんこを歌に詠んだのか　うんこの魔除けパワー

「サイカチに這い広がったヘクソカズラみたいに、どこまでも絶えることなく宮仕えするぞ」

〝皂莢《ざうけふ》に　延《は》ひおほとれる　屎葛《くそかづら》　絶ゆることなく　宮仕《みやつか》へせむ〟

『万葉集』巻第十六・３８５５

〈『万葉集』のうんこ臭〉

元号が令和になって『万葉集』に注目が集まりました。

実は私、『万葉集』が昔から好きで、令和のおかげで『エロスでよみとく万葉集　えろまん』なる本も出せて令和様々なのですが、そのあとがきにも書いたように、『万葉集』に感じるのは、この歌集が実に雑多なにおいに満ちているということです。

『万葉集』以後の、『古今和歌集』『新古今和歌集』などの歌集だと、においと言えば花や雨露といった優雅なものばかり。

けれど、『万葉集』は政治臭や生活臭にあふれている。

大津皇子や有間皇子といった政変で死んでいった敗者の歌もあれば、ウナギや松茸といった食べ物の歌、東国のなまりのある東歌、貧窮問答歌といった貧乏臭漂う歌もある。
のみならず、うんこ臭まで漂っている。
「カラタチのイバラを刈って倉を建てるぞ。クソは遠くでしろ、クシ作りのおばさん」（〝からたちの　茨《うばら》刈り除《そ》け　倉建てむ　屎遠くまれ　櫛造る刀自〟）（巻第十六・3832）
「から」「うばら」「くら」、「くそ」「くし」というふうに韻を踏んだ遊び歌なわけですが、歌と言えば風雅なものという固定観念が生まれる前の猥雑さ、ツイッターのつぶやきのような自由さがあります。

〝屎〟の字の入った歌はほかにもあります。
「香を塗った塔に近寄るんじゃない、厠近くの屎鮒を食うサイテー女」（〝香塗れる　塔に寄りそ　川隈の　屎鮒食める　いたき女奴《めやつこ》〟）（巻第十六・3828）
これは題詞（和歌の詞書に当たるもの）によれば、〝香・塔・厠・屎鮒・奴を詠む歌〟（〝屎鮒〟は〝屎・鮒〟と個別に読み下す説もある）とあり、題詠です。
題詠といっても、花や鳥のお題ではなく、〝屎〟やら〝厠〟がお題なのですから、小学生か！（笑）と突っ込みたくもなります。これらを全部入れて詠んだので、こんなわけの分からぬ歌になったのです。お題にある〝厠〟が歌にないのは、〝川隈〟（原文〝川隅〟）で代弁しているのでしょう。当時のトイレは川を利用してその隅にもうけられていたことを示す歌でもあります。

〝香〟と臭い〝屎〟を同時に読み込む面白さを狙った、ということもあったかもしれません。

それにしてもなぜ〝屎〟なのか。

そこには何らかの意味や必然性があるのでしょうか。

これについて、古代文学に見えるうんこを研究した東ゆみこが興味深い指摘をしています。

〈うんこと乙女〉

〝からたちの　茨刈り除け〜〟の歌の〝櫛造る刀自〟は、通常「櫛作りのおばさん」などと訳されています。

東氏はこれに疑問を呈するのです。彼女は『クソマルの神話学』で、

「『櫛造る刀自』が、本当に『おばちゃん』ないし『おかみさん』であったのか否かについては、再考の余地があるだろう」

として、そのわけを、

「『クソ』と女が結び付く場合、その女性は神や天皇の寵愛を受ける巫女的な乙女であったと推定できるからである」

と言います。

加えて東氏はこの歌の〝倉〟と〝櫛〟に注目、

「日本の神話世界において、『クラ』は神が鎮座する場所をも意味していた可能性がある」

「歌中の『倉』が、神の依り来る場所、すなわち神の依代《よりしろ》となることを考慮する必要が生ずるであろう」

として、この歌には、

「神との結婚」

を前提にして読み解ける可能性があるのではないか、と指摘します。

たしかにこの章の1で見たように、神武天皇の皇后に選ばれた美女の母は、大便をしようとしたところを丹塗矢に化けた神によってその陰部を突かれたことがきっかけで、神とセックスする運びとなりました。

東氏は歌の中の〝櫛〟についても、スサノヲがヤマタノヲロチ退治の際、ヲロチの餌食になろうとしていたクシナダヒメを櫛に変えて髪に挿し、ヲロチを退治したこと、イザナキが亡きイザナミを追い黄泉の国を訪れた時、櫛に火をともして中を見たこと、逃亡の際には挿していた櫛の歯を折って投げてタケノコにして追手を防いだことなどを挙げ、

「変幻自在に姿を変え、不思議な力を有するとみなしうる櫛を造る刀自が、単なる『おばちゃん』であったとは考えにくい」

と言います。

そして、『万葉集』に出てくる他の刀自の歌等と合わせ考えると、

「刀自は若い娘の意味で使用されている場合があることは留意すべきである」

と言い、「あくまで推測の域を出ないが」と前置きしつつも、

「『倉』の近くで、乙女が『クソ』をしたら、神と結婚することになってしまう」のではないかとしています。

つまり、倉の近くで乙女がうんこをすることは、神を誘っているも同然。

しかもイザナキ・イザナミの結婚時、女のイザナミから誘ったせいで脚の立たない〝水蛭《ひる》子《こ》〟が生じるなど良くない結果を生んだことからして、

「神婚を女から働きかけることは、一種の禁忌となり得ると考えられる」

「ならば、神から見初められていない『櫛造る刀自』が、自ら『クソ』をして結婚の状況を創り出すのも、一種の禁忌といえるのかもしれない」

と結論づけます。

倉は神が依り来る所、そんな所でうんこをすると神がやって来てセックスすることになっちゃうよ、うんこをするなら遠くでしろ、と茶化したのがこの歌の真意だというのです。

目からウロコというか、凄く面白い説だと思いました。そうか〜神はうんこ中の美女を犯しがちな上、神のほうから見初められない結婚は良くない結果を生みかねないから、神の依り来る倉の近くでうんこをするのは危険なのか……。

東氏によれば、〝香塗れる　塔にな寄りそ〟の歌も、

「香を塗った塔は神の依代を思わせ」

「『川』と『クソ』と『女』というモチーフは、かの丹塗矢《にぬりや》伝承と同じ」であり、

神と乙女との聖婚の文脈上にある、といいます。

たしかに笑いは、その時代・その共同体での共通認識を前提として成り立ちます。「赤信号みんなで渡れば怖くない」というビートたけしのギャグも、「赤信号」で人は止まっていなければならないという前提があればこそ成り立つ。逆に言うと、その前提を知らない万葉人にはわけが分からない。

同じように、現代人には意味不明な歌でも、万葉人にとっては周知の何かを前提としていて、だからこそ笑いも深みのあるものとなっていた……そんなふうに考えると、この歌が『万葉集』に採録された理由も理解できます。

もっとも古代人の文字への接し方……固有の文字がなく、漢字の音を借りて文字を書いていたため、音を重視する、一種の当て字文化のようなものがあったこと（↓2）を思うと、クソやクシという似た音の響きや字面の面白さで作られた可能性も大きいという気もするのですが……。


〈うんことパロディ〉


冒頭で紹介したように、『万葉集』の巻第十六にはもう一つ〝屎〟の名が入った歌があります。

「サイカチに這い広がったヘクソカズラみたいに、どこまでも絶えることなく宮仕えするぞ」（〝皂莢《ざうけふ》に　延《は》ひおほとれる　屎葛《くそかづら》　絶ゆることなく　宮仕《みやつか》へせむ〟）（巻第十六・３８５

5)

先に挙げた屎の二首同様、日本古典文学全集『萬葉集』4の解説によれば、「内容的には最も特異な巻」として知られる巻第十六所収の歌で、「和歌表現史の上からは異端ともいうべき」歌群の中の一首です。

〝屎葛〟とは今も「ヘクソカズラ」と呼ばれる蔓性の植物です。小さくて白い、真ん中はピンクの可愛らしい花をつけ、川沿いなどでもよく見られ、臭いことからその名があります。そんな草で以てわざわざ宮仕えをたとえたのは、〝屎〟という名の面白さからでしょう。

古庄ゆき子によれば、この歌は、

〝降る雪の　白髪までに　大君に　仕へ奉《まつ》れば　貴くもあるか〟（巻十七・３９２２）

〝もののふの　八十氏人も　吉野川　絶ゆることなく　仕へつつ見む〟（巻十八・４１００）

といった歌に見える「宮廷人の宮仕えの誓言を前提としている」といいます（「屎葛の歌──万葉巻十六の歌をよむ」http://repo.beppu-u.ac.jp/modules/xoonips/download.php/kg03202.pdf?file_id=4708）。

そうした真面目な歌があってこその、おふざけ歌、いわばパロディというわけです。

〈うんこで現実世界に戻る〉

それで思い出すのが、言い伝えによれば七一九年、行基の昔から続いているという静岡県は水窪《みさくぼ》の西浦《にしうれ》田楽です。

私はこの祭が好きで、何度も訪れているのですが、ここで夜通し行われる神楽は「地能《じのう》」と「はね能」の二部で構成され、計四十七番の能が舞われます（水窪町教育委員会『水窪の民俗芸能』）。この能に「もどき」というのがあって、真面目で厳粛な能の合間にそれをパロディにした……時に性的な笑いを含む……今で言うなら狂言風の能が多く挟まれています。

「もどき」とは「非難する」とか「物真似する」といった意で、田楽では「お笑い担当」となっており、前の真面目な演目を「なーんちゃって」と茶化す役割を担っています。客を飽きさせない工夫でしょうが、観客が神の世界にそのまま行ってしまわないよう、人間界に戻す役割があるようにも思います。

折口信夫は、「もどき」は「通訳風の役まはり」があるといい、また「をかし」につながるそれは「犯し」でもあると指摘します（『翁の発生』……『折口信夫全集』第二巻）。

演目を解説すると同時に、ぶち壊してもいる、というわけです。

その「もどき」と似た役割を、『万葉集』のうんこ歌に感じるのです。

おふざけにうんこが使われるのは今も変わらぬ感覚ですが、そこには「うんこ」と口に出すと思わず漏れる笑い、どんな厳粛な場をもぶち壊す「うんこの破壊力」があります。

万葉人が歌に〝屎〟を盛り込むのも、そうした笑いと破壊力を狙ってのことではないか。

同時に、あまりに素晴らしい歌、感動的な歌ばかりでは、神や鬼に魅入られる恐れがあるので、うんこのような魔除け的パワーをもつアイテムを入れることで、日常世界に戻れるような仕組みを作ったのではないか。

『万葉集』より二百年以上後に書かれた『源氏物語』（一〇〇八ころ）の主人公の美しさを、継母の弘徽殿大后は、

〝神など、空にめでつべき容貌《かたち》かな。うたてゆゆし〟（神などに空から魅入られそうな美貌ですこと。気味が悪い）（「紅葉賀」巻）

と、そしったものです。美しいもの、素晴らしいものは神に魅入られる、つまりは死んでしまうというのが相場でした。

まして歌というものは、『万葉集』より百年以上あとに編まれた『古今和歌集』の仮名序にあるように、

〝力をも入れずして天地を動かし、目に見えぬ鬼神をもあはれと思はせ〟るほどのパワーがあると考えられていた。

『源氏物語』や『古今和歌集』より古い『万葉集』の時代であれば、歌のパワーはさらに強大なものと考えられていたはずです。

美しい歌ばかりでは読み手や編者が神に魅入られてしまう。

それでバランスを取るために作られたのが、うんこ歌ではないでしょうか。

〈うんこの魔除けパワー〉

私がそんなふうに考えるのは、うんこには、それだけのパワーがあるからです。

これから紹介するように、だからこそ文芸にも数多く取り上げられているわけで、近現代でもそれは変わりません。

その一つが有名な火野葦平の『糞尿譚』（一九三七）です。

没落豪農の家に生まれた主人公の小森彦太郎は一発逆転を目指し、糞尿汲み取り事業を始め、苦難の末に市の指定業者になったはいいものの、権利の大半を世話人や金銭を援助した者に奪われてしまいます。果ては、糞尿を棄てに行くと、そこにいた男らに邪魔をされ、スコップで土をかけられる……一生をこの事業に費やしてきたにもかかわらず、馬鹿にされるばかりの彦太郎の怒りはラストにきて沸点に達します。リヤカーに積んであった糞尿桶を傾け、さらに糞尿柄杓《こえびしゃく》を振り回し、「貴様たち、貴様たち」と叫びながら、男たちに糞尿を振りかけます。柄杓から飛び出す糞尿が彦太郎自身の頭上から雨のごとく散乱するのもかまわず、

「彦太郎は次第に湧き上って来る勝利の気魄に打たれ、憑かれたるもののごとく、糞尿に濡れた唇を動かして絶叫」します。

「貴様たち、貴様たち、負けはしないぞ、もう負けはしないぞ、誰でも彼でも恐ろしいことはないぞ、俺は今までどうしてあんなに弱虫で卑屈だったのか、誰でも来い、誰でも来い」

そうして、

「彦太郎がさんさんと降り来る糞尿の中にすっくと立ちはだかり、昂然と絶叫するさまは、ここに彦太郎はあたかも一匹の黄金の鬼と化したごとくであった。折りから、佐原山の松林

の蔭に没しはじめた夕陽が、赤い光をま横からさしかけ、つっ立っている彦太郎の姿は、燦然と光り輝いた」

と、話は結ばれます（以上、中央公論社『日本の文学』51より）。

うんこパワーを見事に表したラストシーンです。

スサノヲがアマテラスの神聖な御殿に〝屎〟をし散らした時のうんこの「破壊力」がここにはあります。

のみならず、自身にとっては何かを生み出す「創造力」、力の源となっている。

それにも増して、自分を傷つけ、害する他者への「もどき」……非難……になっている。

と同時に、自分をプロテクトする「魔除け」ともなっている。

頭からうんこを浴びて立ち上がる彦太郎には、うんこの力を身につけて、なんびとも近寄れぬ状態になった、超人的なものを感じます。

強烈なうんこの臭気、穢れが人を遠ざけるわけですが、古代にはこのうんこパワーは悪鬼をも遠ざけると信じられていました。名前に〝くそ〟をつける古代の習慣も、こうしたうんこの魔除けパワーを期待してのこと。汚いものを名につけることで悪鬼に魅入られぬようにするというわけです。

こうした考え方はしかし、太古の昔に限ったことではないようで、全国各地をフィールドワークして民俗風習について調査した斎藤たまによれば、北海道のアイヌの人たちは、斎藤氏が訪れた昭和五十五年当時、生まれたばかりの赤ん坊を、

「糞ついたもの」

と呼んでいました。浦河《うらかわ》で「シーウシ」、近文《ちかぶみ》で「シュウスペ」というのがそれに当たり、また、その二、三年前、奄美諸島や沖縄でも同じようなこと……子どもが生まれた時、

「糞生《くすま》ーれた」

という……を聞いたそうで、感慨深かったといいます。それらは「掌中の宝」である子どもを悪神に取られないよう、つまりは事故や病気にあわぬよう、

「とりわけ人の嫌う、嫌なものの中の嫌なものを持ち出」すのだといいます（『落し紙以前』）。

太古の昔の考え方が、北海道や沖縄にはつい最近まで残っていたんですね。


そういえば、最近、私がはまっている中国茶の名は「鴨屎香」っていうんですが、その名の由来が面白いのです。「百年香」というお茶のサイトによると、昔、ある農民が香り高い木を見つけ、他人に盗まれないように、誰も興味を持ちそうにない名を……というのでつけられた名であるといいます。つまりは「自分の木を守る意味で鴨屎香と名前をつけた」わけです（http://bainianxiang.jp/?pid=72861412）。

ジャコウネコのうんこから取り出したコーヒー豆のコーヒーのように（↓12）、鴨のうんこからできたお茶だと思っていたのですが、さにあらず、うんこの魔除けパワーを期待してのネーミングだったのです。

話を『万葉集』に戻すと、万葉人がうんこを歌に盛り込んだ心の底には、真面目な歌への「もどき」、つまりは「批判を込めたパロディ」の気持ちがあったと私は考えます。のみならず、うんこの魔除けパワーによって『万葉集』という歌集自体をプロテクト、守護する意図があったのではないか。

『万葉集』にうんこの歌がいくつもあるのは、そんな理由があってのことだと思うのです。

〈トイレはあの世とこの世の境〉

ちなみに、赤ん坊が生まれることを「うんこが生まれた」とする北海道や沖縄の習俗にも相通じる「雪隠参り」という民俗行事が群馬県山田郡相生村にはあるそうで、生まれて七日目、赤子の額に「犬」の字を紅で書き、井戸一カ所、便所三カ所を橋を渡らずに参らせ、もろこしの箸を半紙と水引とで結び、「これをもって汚物を食わせるまねをして、犬のように丈夫に育つように祈願をする」といいます（飯島吉晴「厠考――異界としての厠――」……小松和彦責任編集『怪異の民俗学8　境界』所収）。

飯島氏によれば、赤子に「糞便を食べさせるまねをすることは、赤子を糞便と同じものと見ているのである」といい、「実際の分娩においても、産婦は出産と同時に脱糞することがよく見られるようだが、原初的な想像力では、腹にあるものが外に出てくるのは脱糞過程としか考えられないのである」といいます。

たしかに私も娘を生んだ時、少量のうんこを漏らしたものです。

「赤子は『糞便』と同一視されており、『雪隠参り』においては、社会的に『糞便』として新たに誕生するわけである」という飯島氏の説には納得です。

また、「雪隠参りには再生の要素も含まれている」といい、儀礼的に「身体の弱い子は便所の前や横に捨て」子だくさんな人に拾ってもらったり（宮崎県東臼杵郡西郷村）、呼吸が止まる時、「臍の緒を米と共に便所神に供えて飲ませ」（山梨県西山梨郡千代田村）たりするといいます。

うんこが魔除けパワーだけでなく、再生力をも併せ持つというのは、うんこから神、尻から食べ物が生まれる神話を彷彿させます。

そしてトイレは「此の世と異界との境」とされていたという飯島氏の指摘からも、トイレで神に見いだされた美女の神話が思い起こされ、トイレが生者と死者、鬼神と人の世界の境目にあると考えられていたことが分かります。こうした観念の上に、トイレで河童や化物に出会うという説話が作られたのでしょう。そうしたトイレの怪談については第三章の７で詳しく触れます。

第二章　王朝のうんこ　仏教思想との関係

4　王朝文学にはなぜうんこ話が多いのか　浄土教の影響

「外側は美しく装っていても、内側にはただもうあらゆる汚物が詰まっている様は、綺麗にいろどった瓶《かめ》に、汚いうんこを盛ったようなものである」

〝外には端厳《たんごん》の相を施すといへども、内にはただもろもろの不浄を裹《つつ》むこと、猶し画《ゑが》ける瓶《かめ》に糞穢《ふんゑ》を盛れるが如し〟

『往生要集』巻上

〈『落窪物語』のスカトロ趣味〉

平安王朝文学といえば男女の優雅な色恋というイメージがあるかもしれません。
でも実は、王朝文学こそは、神話に劣らぬうんこ話の宝庫です。
継子いじめで名高い『落窪物語』（九八六ころ〜九九八ころ）はその最たるもの。

寝殿の端の離れ的な場所の〝落窪なる所〟（落ちくぼんだ所）に継子を住まわせたあげく、〝落窪〟という屈辱的な名をつけて皆に呼ばせたり（〝くぼ〟は古語で女陰を意味し、〝落窪〟は腐れマンコ的な蔑称であった可能性があります）、家族旅行にもひとり留守番をさせ、家族の着物を縫わせたあげく、出来上がりを実の娘の婿が褒めていたと女房が報告すると、

「お黙り。落窪の君には聞かせるな。つけあがるといけない。ああいうのは卑屈にさせておくのがいい」（〝あなかま、落窪の君に聞かすな。心おごりせむものぞ。かやうの者は、屈《く》せさせてあるぞよき〟）

と言う。果ては、姫のもとに貴公子が通っていると知った継母は、臭い納戸に姫を閉じ込め、スケベな貧乏老医師である叔父にレイプさせようとする……。

　今なら犯罪以外のなにものでもない虐待に満ちたこの物語、実はスカトロ趣味にあふれた古典としても有名なのです。

　まず貴公子が姫のもとに通って三日目の夜、つまり正式に結婚が成立する晩のこと。腹心を伴って出かけた貴公子は道で盗人と間違えられ、土砂降りの中を土下座する羽目になります。この腹心は、ヒロインに仕える唯一の侍女の恋人で、彼の働きで、貴公子はヒロインのもとに通うようになったのですが……。座ったところがちょうど〝屎〟の上でした。

「あーあ、もう帰ろう。〝屎〟がついてしまった。こんな臭い状態で行ったら、かえって姫に嫌われてしまうよ」（〝あはれ、これより帰りなむ。屎つきにたり。いと臭くて行きたらば、なかなかうとまれなむ〟）

貴公子が言うと、腹心は笑いながら、

「このような雨の中をお訪ねになれば、殿の深いご愛情に感激なさって、クソのにおいも〝麝香の香〟に感じられるでしょう」（〝かかる雨に、かくておはしましたらば、御志を思《おぼ》さむ人は、麝香《ざかう》の香《か》にも嗅ぎなしたてまつりたまひてむ〟）

と励まして、その足で姫のもとに行きます。

うんこ臭が愛の証というわけです。

一応、水で洗いはするものの、便臭がそう容易に消えるとは思えません。

姫が〝臭き部屋〟に閉じ込められ、継母に差し向けられた老医師に犯されそうになった絶体絶命の時も、物語にはうんこが出てきます。

ただでさえ寒い冬の夜、暖房もない納戸の中です。老医師はお腹をこわして、その場で〝ひちひち〟（びちびち）と漏らしてしまうのです。

「出てるんじゃないか」（〝出《い》でやする〟）

と袴を探った老医師は〝尻をかかへて〟逃げ出します。

その隙に、姫は救出され、貴公子と幸福に暮らしながら、貴公子による継母側への逆襲が始まるという展開です。

〈汚穢極まれば神聖美となるという思想〉

〝ひちひち〟（びちびち）という排便の音まで描かれ、うんこ臭を〝麝香の香〟に見立てて姫も喜ぶでしょう……などというセリフのある『落窪物語』には、糞尿に愛欲を覚えるスカトロ趣味の香りが漂っています。

この物語はなぜこんなにもうんこ臭に満ちているのでしょう。

これについて、リンボー先生こと林望は、室町期の『調度歌合』に、〝大つぼ〟（便器）が壁の向こうの〝おちくぼの所〟に置いてあるという記述があることに注目、姫の父が〝樋殿〟（トイレ）に行ったついでに姫の様子を見ている箇所と合わせ考えると、落窪は、「便器置き場の姫」、「便所の姫」とでもいうべき響きのある名だったのではないか、と推理しています。つまりネーミングからしてうんこと密接に関わるというわけです。そして室町期の『鉢かづき』のヒロインが、鉢を頭につけた「異形の姿」から一転、この上もない幸運を得るというような「異形のものの神聖性」が落窪にもあって、「神聖性」と表裏一体の「けがれ」というパターンに沿った「糞尿の奇瑞譚」として発想された物語なのではないか、といいます（『古今黄金譚』）。

最も汚れた者こそが最も神聖な境地に達するという物語のパターンがまずあって、そこから、汚れの極致にある糞尿まみれの姫が幸運を得るという構造が生まれたというわけです。たしかに最近の小説などでも、赤松利市の『純子』（二〇一九）などは、下肥汲みの貧家に生まれた絶世の美少女が神的存在と交流する話で、汚穢極まれば極美という伝統的な世界観が底流しています。

リンボー先生の説は魅力的で、一つにはそうした要素があったと思います。

私はさらに、その思想的背景として、当時、貴族社会で流行していた浄土教の思想が関係しているのでは？　と考えています。

〈浄土教におけるうんこ〉

浄土教は、極楽浄土への往生を目指す仏教で、平安貴族に広く受け入れられていました。とりわけ九八五年に書かれた源信の『往生要集』は、往生の方法を複数の経典をベースに分かりやすく説いて、貴族社会に浄土教ブームをもたらします。

この『往生要集』に、うんこがしばしば出てくるのです。

『往生要集』はまず、〝厭離穢土〟（穢土を厭い離れる）の気持ちを高めるべく、六道がいかに〝不浄〟にあふれているかを説きます。その筆頭が地獄道で、八大地獄の第一、〝等活地獄〟に附随する別処の一つとして〝屎泥処《しでいしょ》〟があります。屎泥処は読んで字のごとく、ズバリ、うんこの泥沼です。そこには〝極熱《ごくねち》の屎泥〟があり、

〝その味、最も苦し〟

といいます。うんこの味が出てくるのは、日本古典ではこれが初めてではないでしょうか。

罪人はこの地獄の中で、

〝熱屎を食《くら》ふ〟

というつらい目にあいます。

そこへもろもろの虫が集まって来て、罪人を嚙む。皮を破って肉を食み、骨をくじいて髄

を吸う。熱々のうんこを食いながら、虫にカラダを蝕まれるわけで、ここには、昔（生きていたころ）鹿や鳥を殺した者が堕ちます。

地獄に続く餓鬼道では、さまざまな餓鬼や鬼が、前世で犯した罪のため、苦痛に満ちた暮らしをしています。

『往生要集』曰く、

「〝慳貪《けんとん》（ケチ）と嫉妬の者〟がこの道に堕ちる」

鬼の中には〝一切の食〟を食うことのできぬ者がいて、自分の頭を割って脳みそを取って食うという凄まじさ。またある鬼は火を口から出し、そこへ飛んでくる蚊を食べている。またある鬼は、

〝糞・涕《なみだ》・膿血、洗ひし器の遺余を食ふ〟

と、うんこや膿血などの排泄物や、洗った食器にわずかに残ったカスを食うという悲惨さです。

ちなみに〝糞〟を食う鬼は、十二世紀末の『餓鬼草紙』にも登場し、七匹の餓鬼が人々の糞を狙う様が描かれています（53ページ図）。

『往生要集』によれば、我らが人道もうんこと密接に関わっています。

人体には〝三升の糞〟があって、その色は黄色で、どんなに上等な料理を食べても、一晩経つと〝皆不浄〟となる。若きより老いに至るまでひたすら〝不浄〟、海水を傾けて洗った

『餓鬼草紙』より　東京国立博物館　Image : TNM Image Archives

ところで、決して清浄にはなりません。

「外側は美しく装っていても、内側にはただもうあらゆる汚物が詰まっている様は、綺麗にいろどった瓶に、汚いうんこを盛ったようなものである」（〃外には端厳《たんごん》の相を施すといへども、内にはただもろもろの不浄を裹《つつ》むこと、猶し画《ゑが》ける瓶《かめ》に糞穢《ふんゑ》を盛れるが如し〃）

という絶望的な状態なのです。

生きている時でさえこんなにも汚い人体です。

「まして命尽きたあとは」（〃いはんやまた命終の後は〃）

と、『往生要集』は語り出します。

曰く、その身は腫れ膨れ、色は青黒くなり、臭くただれ、皮はむけ、膿血が流れ出る。獣に食われ、蛆虫がたかり、白骨となれば身はばらばらとなって、やがて塵や土と一体化する。

「これによって知るべきである。このカラダが不浄であることを。愛する男女のカラダも皆、同じである」（〝当《まさ》に知るべし、この身は始終不浄なることを。愛する所の男女も皆またかくの如し〟）

「だから『摩訶止観』には、『死んで腐敗していく相を見ぬうちは愛執が非常に強いけれど、もしもこの相をすっかり見届ければ、欲心はぱたっとやんで堪えがたくなる。それは、〝糞〟を見ないうちは食が進むが、その臭気を嗅げば嘔吐するようなものである』と、あるのだ」（〝故に止観に云く、いまだこの相を見ざるときは愛染《あいぜん》甚だ強けれども、もしこれを見已れば欲心都《すべ》て罷《や》み、懸《はる》かに忍び耐へざること、糞を見ざればなほ能く飯を噉へども、忽ち臭気を聞《か》がば即便ち嘔吐するが如し〟）

と『往生要集』は経典を引用して、言います。

人を愛して執着することは、うんこの近くで食事をするようなもので、その実態を知れば、たちまち愛欲も失せるはずだというのです。

〈平中のうんこ話の浄土臭〉

『往生要集』を読むと、うんこは浄土の対極にある穢土の、最も分かりやすいシンボル、厭い離れるべき穢土の象徴として、とらえられていたことが分かります。

そこには、うんこを食わねばならぬ地獄や餓鬼、いかなる美男美女も愛する人も、一皮むけばうんこの詰まった身であることが説かれ、この世の不浄が描かれていました。

こうした思想をベースとして、王朝のうんこ話は形成されたのではないか。

私がそんなふうに考えるのは、浄土教のうんこ観を物語化したような話が、平安後期の『今昔物語集』（一一三〇ころ）巻第三十第一にあるからです。

その話の主人公の平中は本名を平定文（貞文とも）という平安前期の実在の人物で、好色者として有名でした。

そんな彼が本院侍従と呼ばれる、優美な宮仕え女房と、あとは寝るだけ……というところまでこぎつけながら逃げられて、失恋の痛手を癒やすため思いついたことというのが、うんこを盗んで見ることでした。

「この人がどんなに美しく優美でも〝筥《はこ》〟（便器）にしている物は我々と同じに違いない」

（〝此の人此《か》く微妙《めでた》く可咲《をかし》くとも、筥に為入《しいれ》らむ物は、我等と同様《おなじさま》にこそ有らめ〟）

そう考えた平中は、女を嫌いになるために、その糞尿を盗んで見ようと思いつくのです。

〈王朝のトイレ事情〉

ここで平安時代のトイレ事情を少し説明すると、貴族は壺や筥と呼ばれる便器に用を足し、それを〝ひすまし〟と呼ばれる下女が捨てに行っていた。〝ひすまし〟とは、樋箱（便器）を〝すます〟（洗う）者の意です。

平中は、女の局のあたりをうろついて、この下女が出てくるのを待ち伏せしていました。今で言えばストーカーです。そうして出てきた下女は十七、八の美人。この下女が人けのない場所に来たところで、平中は便器を奪い取りました。そして金漆で塗られた便器の美しさにしばし見とれながらも、女に幻滅するために、中を開けたところ、丁字（クローブ）の香りがさっと広がった。不審に思って中を見ると、薄黄色の水が半ばほど入っていて、そこに親指大の黄黒色の物が長さ二、三寸（約六〜九センチ）ほど、三切れ丸めて入れてある。

「あれに違いない」（〝然《さ》にこそは有らめ〟）

と思った平中はそこらにあった木の切れ端でそれを突き刺し、鼻に当ててみたところ……えもいわれぬ黒方《くろぼう》の香りがする。香ばしい薫物の匂いが漂ったのです。この時点で平中は、

「これは世間一般の人ではなかったのだ」（〝此れは世の人には非《あら》ぬ者也けり〟）

「なんとかしてこの人とセックスしたい」（〝何かで此の人に馴睦《なれむつ》びむ〟）

という気持ちが狂うように生じ、便器を引き寄せ、中の薄黄色の液体をすすってみました。

すると口中は丁字の香りでいっぱいになって、さらにさきほど木に刺した物体の先を少し嘗めてみると、

〝苦くして甘し〟

〝馥《かうば》しき事無限《かぎりな》し〟

という有様。

尿として入れてあったのは丁字の煮汁、うんこはトコロ（ヤマイモ科）と薫物を甘味料で練り、大きな筆の柄に入れて、ところてんよろしく出して作ったものでした。

要するに作り物の糞尿だったのです。

「あり得ない。誰が糞尿を見られることまで思いつくだろう。なんと果てしなく気の働く人

なのだ。この世の人ではなかったのだ。この人とどうしても逢瀬を遂げたい」（〃此《こ》は、誰も為《す》る者は有《あり》なむ。但し此れを涼《さが》して見む物ぞと云ふ心は何《いか》でか仕《つか》はむ。然《さ》れば様々に極《きはまり》たりける者の心ばせかな。此《ここ》の人には非ざりけり。何でか此の人に不会《あは》では止《やみ》なむ〃）

そんなふうに焦がれるうちに平中は死んでしまいました。

「そんなわけで、女のことはむやみに好きになるものではない、と、世間の人は非難した。と、語り伝えられているとか」（〃然れば、「女には強《あながち》に心を不染《そむ》まじき也」とぞ世の人誹《そしり》ける、となむ語《か》たり伝へたるとや〃）

の締め文句で話は終わります。

〈平中のうんこ話は、『往生要集』の影響を受けて書かれた？〉

この話、少しあとの鎌倉時代の『宇治拾遺物語』にも収められていて、こちらでは糞尿のレプリカをすすったり嘗めたりということはなく、平中がラストで死ぬこともありません。

「ますます呆けたように恋しく思ったけれど、とうとうセックスしないで終わってしまったのだった。『ここだけの話、自分ながら、あの女に対しては本当に恥ずかしく、いまいましく思った』と、平中はこっそり人に語ったとか」（〃いよいよほけほけしく思ひけれど、遂に逢はでやみにけり。「我が身ながらも、かれに世に恥がましく、妬く覚えし」と、平中みそかに人に忍びて語りけるとぞ〃）

というように、平安後期の『今昔物語集』に対して、「んなわけねーだろ」と突っ込みが入ったような形の、よりリアルな設定になっているのですが……。

「愛しい女を諦めるため、そのうんこを見る」というのは、それまでの日本の古典文学にはない発想です。

しかも、平中はその尿とおぼしき液体をすすり、黄黒ばんだうんこ状の物体を嘗めてさえいる。『古事記』には、高天原を追放されたスサノヲが、尻から食べ物を出していたオホゲツヒメを殺す話がありますが（上巻）、女のうんこ（とおぼしき物）を進んで口にするという話はかつてなかったのです。

この発想は一体どこから……と考えた時、平中のうんこ話が、『往生要集』の描くうんことてても似ていることに思い至りました。

この話のベースには間違いなく浄土教の思想……どんなに美しい人間も一皮むけば糞に満ちている……があると私は考えます。

うんこを食べる地獄や餓鬼の存在も影響しているはずです。

平中が女を「この世の人ではなかったのだ」と思っているのも、要するに「神仏の化身だったのだ」という決まり文句で、仏教思想がベースになっている。

『今昔物語集』の話は、『往生要集』の記述にインスピレーションを得て作られたのではないかと思うのです。

『落窪物語』の成立は『往生要集』とほぼ同時期で、浄土教の影響を受けていないと思うほうが不自然でしょう。

〈うんこを食べることの意味……食べて美女を我がものに？〉

『落窪物語』にも見られるスカトロ趣味がさらに進んだ形になった、『往生要集』の地獄の描写を彷彿させる、『今昔物語集』の「うんこを嘗める」という行為……。

ここで改めて「うんこを食べること」の意味について考えてみたいと思います。

第一章の2で私は「うんこをすること＝土・国を手放すことであり、土を盗むこと＝国を盗むことであるならば、うんこを盗んだり、体内に入れる、もっと言えば『うんこを食べる』という行為は、国を手に入れることとイコールになりはしまいか」と書きました。

もちろんそれは私の仮説であるわけですが、うんこを盗んで嘗めた『今昔物語集』の平中は、女を諦めようとしながら、その実、女を手に入れたも同然なのではないか、と思えるふしがあるのです。

というのも陰陽道では、好きな相手を振り向かせるため、その人の名を書いた紙を服用したり、髪を取ってそれを焼き、服用したりするということが行われます。逆に、自分の爪と髪を焼き、相手の飲食物に入れておくと、その相手は自分を恋い慕うようになる、ともあります（『医心方』巻二十六第五章）。

優れた人にあやかれという意味の「爪の垢でも煎じて飲む」ということわざなどは、おそらくこうした呪術的な由来があるのではないか。つまり優れた人の体の一部もしくは体から出たカスを取り入れることで、その人と一体化・同一化して、我がものにするというわけです。

太古、名前と人間は一体であるという思想がありましたが（↓2）、名前だけでなく、体の一部を盗むというのは人を支配する手立ての一つでした。

そこからすると、平中は糞尿をすすり嘗めることによって、女を諦めるどころか、我がものにしたと私には思えるのです。

が、問題はその糞尿は作り物（レプリカ）だったことで、ために平中は女と結ばれることは永遠になく、『今昔物語集』では死ぬことになり、『宇治拾遺物語』では恋しさで死ぬほどになった。そんなふうに物語を読むこともできるのではないでしょうか。

〈罪の象徴としてのうんこ、食につながるうんこ〉

浄土教においてうんこは不浄のシンボルであり、それを食べるというのは地獄道や餓鬼道では、前世で犯した罪への「罰」でした。

うんこは罪の象徴であり、それを食べることは罰なのです。

そこで思い出すのは、アステカの地母神トラソルテオトルです。

彼女は、罪を告白した人の死に際に現れ、うんこ＝罪を食べて浄化してくれます。『古代マヤ・アステカ不可思議大全』などの著書がある芝崎みゆきさんの話によると、口の周りが黒い女神像もあって、それはうんこを食べていることを表すという説もあるといいます。

古代アステカ文明でもうんこは罪と深い関わりがあったのです。

しかし浄土教では、それを食べることは地獄の罪人や餓鬼の受ける罰でしたが、アステカでは大地に豊穣をもたらす女神の浄化行為でした。林望のいう「けがれ」と「神聖性」は表裏一体（林氏前掲書）というのは、アステカ神話の世界観にも適用できるわけです。

地母神がうんこを食べて浄化するという行為は、日本神話の地母神たるイザナミが、断末魔の糞尿から神々を生み出したことをも連想させます。

神話では、太陽神のアマテラス自身が太陽であり、海神のスサノヲ自身が海というように、神自身が自然を体現しています。アステカ神話でもトラソルテオトル自身が大地であって、その大地である彼女が糞尿を吸収することで大地が肥え、作物を生み出すことで大地を浄化するという仕組みなのではないでしょうか。

そう考えると、神話レベルでは、日本とアステカはつながっているわけです。

また、女（神）が排泄物として財宝や食物を出して殺されたり、その死体から財宝や食物を分泌したりするという熱帯地方の神話は、ドイツの民俗学者イエンゼンによって「ハイヌウェレ型神話」と名づけられ、日本にも伝播したといいます（吉田敦彦『小さ子とハイヌウェレ』）。吉田氏によれば、柳田國男が『桃太郎の誕生』で引用している島原の民話にも、貧しい山番の妻が、海中の女から黒猫をもらい、それが糞として出す黄金で金持ちになるものの、噂を聞いた姉に貸して死なせてしまったという話があり、ハイヌウェレ型神話は日本の神話だけでなく、民間伝承にも見出されるそうです。

5　侍のメイン業務はトイレ掃除　うんこまみれだった平安京

「（藤原忠実が）仰せになるには、『侍は風呂・トイレ・掃除、以上三つの職務は必ずつとめる』」

〝仰せて云はく、「侍《さぶらひ》は湯殿・樋殿・御清目《きよめ》、以上三事は必ず勤仕《ごんし》す」〟

『富家語』第二五六条

〈前世の悪業でうんこ好きになる〉

前節で王朝のスカトロ話として、平安中期の『落窪物語』（九八六ころ〜九九八ころ）や、平安末期の『今昔物語集』（一一三〇ころ）の話を紹介しましたが、『今昔物語集』では、天竺（インド）の話として、うんこを食う男についても語られています（巻第二第三十六）。

天竺の毘舎離《びしゃり》城の長者の妻は妊娠後、体が臭くなり、生まれた男子はガリガリに痩せている上、うんこまみれでした。そのため父母はその子をまったく見ようとしません。男子は成長するとひたすら〝糞穢《ふんゑ》〟を好んで食べるので、父母はもとより親族にも嫌われて、遠くにやられてしまいます。その子は外でも〝常に糞穢を食〟していたので、世間の人にも嫌われてしまいます。

すべての人に見捨てられた彼を救ったのが仏でした。

仏を見た彼が五体を投げだし出家を望むと、しぜんと髪が抜け落ちて沙門（修行者）の姿になります。仏が彼に法を説くと、体の〝臭穢〟が取れて阿羅漢（悟りを得た聖者）となりました。仏によれば、彼がうんこまみれのうんこ好きになったのは、前世の悪業のせいでした。仏が言うには、遠い過去、時の国王が寺を造って一人の比丘を寺主とした。施主たちに沐浴を施された僧たちが、香油を体に塗っていると、中に〝阿羅漢の比丘〟がいた。これを見た寺主は〝瞋《いか》りて〟、

「お前は出家の身じゃないか。香油なんかを身に塗って、糞を塗るのに似ているぞ」（〝汝ぢ出家の人、香油を身に塗る、糞を塗るに似たり〟）

そんなふうに罵ったので、この寺主は五百回生まれ変わってもうんこ臭い身となって人が近づかなくなってしまった、というのです。

と、これだと、〝瞋〟の内容が釈然としませんが、実はこの話は『撰集百縁経』（三世紀漢訳）というインドの仏教説話集に出典があって、そこでは、

〝此の羅漢の香油を以て身に塗るを見て心に嫉妬を懐《いだ》き悪罵を出す〟（第五（50））

とあります。

寺主は香油を塗った僧に嫉妬して、

「お前の香油なんかうんこ塗ってるみたいなもんだ」

と罵ったのです。

この罪で、彼はうんこまみれのうんこ好きになってしまったのでした。

しかし、阿羅漢が神通力を示したので、それを見て懺悔したおかげで、最終的には仏に会って出家することができた、といいます。

たった一回の嫉妬で、五百回もうんこまみれのために人に嫌われる人生を送る羽目になったとは、嫉妬の罪おそるべしです。


〈嫉妬の罪〉


嫉妬というのは日本でも太古の昔から罪悪視されていて、聖徳太子も憲法十七条の十四で、

〝群臣百寮、嫉妬有ること無れ〟（『日本書紀』推古天皇十二年四月三日条）

と禁じた大罪です。

ここで太子は、

「嫉妬の苦痛は際限がない」（〝嫉妬の患《うれへ》、其の極《きはまり》を知らず〟）

と、その危険性に警鐘を鳴らしています。

「〝智〟が自分よりまさっていると喜ばず、〝才〟が自分にまさっていれば嫉妬する」（〝智己に勝れば悦びず、才己に優れば嫉妬す〟）

こんなことでは国家の損失だというのです。

このように嫉妬が警戒されるのは、放置すると、人は嫉妬をせずにはいられぬからでしょう。

人だけではありません。犬も他の犬や猫、場合によっては乳児などに嫉妬することは犬を飼っている人なら分かるはずです。自分より他者がいい目を見る、それも自分と同レベルとおぼしき者、つまりは自分と競合する、いわゆる「自分とかぶる者」に嫉妬するのは、その者が自分の利益を侵す可能性があるからで、嫉妬は動物にとって生きるために必要な反応であるとも言えるのです。

『今昔物語集』のうんこ好きの男が前世で、阿羅漢に嫉妬しながらも、その神通力を見せられると一転、懺悔したのは、阿羅漢の能力があまりに自分のレベルとはかけ離れていることに気づいたからでしょう。しかし気づいた時にはすでに遅し、最終的には救われても、五百回もうんこまみれの、人に嫌われる人生を送ることになったのです。

〈嫉妬とうんこ〉

嫉妬とうんこと言えば、すぐに頭に浮かぶのが『源氏物語』（一〇〇八ころ）冒頭のエピソードです。

源氏の母・桐壺更衣は、父大納言も亡く、天皇妃の中では最下位の立場でありながら、桐壺帝に誰よりも愛され、玉のような皇子（源氏）を生みます。天皇の妻は上から皇后（中宮）→女御→更衣という階級になっており、中宮や女御は大臣出身の娘、更衣は大納言以下の娘と決まっていました。妻の中では最低レベルの彼女に与えられていたのは、ミカドのいる清涼殿から遠い〝桐壺〟と呼ばれる殿舎。ミカドがそこへ通うには多くの殿舎を通り過ぎねばなりません。それがたび重なるので、他の殿舎にいる妻たちや、彼女に仕える女房たちの気持ちがすり減っていくのも無理はない、と物語は言います。

ミカドが桐壺更衣の部屋を訪れるだけでなく、桐壺更衣がミカドのもとに参上することもあって、それがあまり頻繁になる折は、打橋《うちはし》（建物同士をつなぐ取り外し可能の橋）や渡殿《わたどの》（建物をつなぐ屋根付きの渡り廊下やそこに設けた部屋）のここかしこの通り道に〝あやしきわざ〟をしては、送り迎えの女房たちの着物の裾が我慢しがたい有様になるという不当なこともありました。

この〝あやしきわざ〟というのは直訳すれば「けしからぬこと」ですが、「糞尿をまき散らすこと」と古来、解釈されています。一条兼良の『源氏物語』解説書『花鳥余情』（一四七二）は、村上帝に寵愛された宣耀殿女御（藤原芳子）が藤壺中宮（藤原安子）に嫉妬され、その女房に〝不浄〟を撒かれた故事を挙げていますが、ソースは分かりませんでした（『栄花物語』や『大鏡』には芳子が安子に嫉妬されたことは記されているものの、不浄のエピソードは見えない）。

それが『仏教説話大系』25を読んでいたら、偶然似た話を見つけたのです。『スダナ王子の冒険』と題する釈尊の前世話の一つで、話型は日本の天人女房やかぐや姫に近い。

曰く、妖精王の娘マノーハラーが水浴びのため地上に降臨していたところを猟師に見いだされ妻になるものの、彼女のために召使のように働くはめになった猟師は、通りかかったスダナ王子にマノーハラーを贈ることにします。美しいマノーハラーに心奪われた王子が彼女だけを愛したために、嫉妬した後宮の女たちがマノーハラーの部屋に動物の糞を投げ入れたり、寝台の中に毒蜘蛛、通り道に毒針を撒いたりといった嫌がらせをします。うんこがいじめに使われているところがミソです。

うんこがいじめに使われたのは、日本やインドだけではなく、中国でも同様です。

中国には正妻の嫉妬で、いつも汚い仕事（〝穢事〟）ばかりやらされたため憤死した妾が、トイレに神として祀られるという話があります。彼女は〝紫姑神《しこしん》〟と呼ばれ、人々は彼女の命日である正月十五日に彼女の人形《ひとがた》を作って、夜、〝厠〟や豚小屋で紫姑神を迎えるのだといいます（五世紀？『異苑』巻五・十六）。

豚小屋に紫姑神を迎えるのは、中国では豚に人糞を食べさせていたからでしょうが、そこで思い出されるのが、二千二百年ほど前の呂后の悪名高いエピソードです。

呂后は、夫・高祖死後、彼に寵愛されていた戚夫人の両手両足を切って、目を取り耳をいぶして口のきけない薬をのませ、〝厠中《しちゆう》〟に置いて〝人彘《じんてい》〟（人豚）と名づけたと言います（『史記』呂后本紀第九）。

戚夫人は、呂后腹の太子（のちの孝恵帝）を廃し、自分の子（趙王如意）を太子にするよう、日夜、高祖に泣きついていましたが、大臣たちの反対でなし得なかった。この時の恨みで、呂后は趙王を毒殺したあげく、戚夫人を人豚にしたのです。戚夫人の姿を母の呂后に見せられた孝恵帝は、それが戚夫人であると知ると、大声で泣き、病気になって、一年以上も起き上がることができませんでした。そして母の呂后のもとに人をやり、

「これは人間のすることではありません。私は太后の子として、とても天下を治めることはできません」（〝此れ人の為す所に非ず。臣、太后の子と為り、終に天下を治むること能はず〟）

と言って、毎日のように酒と淫楽に耽り、政《まつりごと》をしようとしませんでした。

孝恵帝は母・呂后に似ぬ優しい性格とされるゆえんですが、まともな神経の持ち主なら、そんなものを見せられたら、おかしくなるのが普通でしょう。

こうして見ると、うんこは嫉妬によるいじめの究極的な道具であると言えます。

嫉妬とうんこの関係には、かくも長い歴史があったのです。

〈誰がうんこを処理していたか〉

気になるのはうんこの掃除というか、処理はどのようにしていたか、です。

『トイレの考古学』によると、縄文時代前期から古墳時代にかけては川の流れを利用した、いわば水洗トイレが使われていた。

奈良時代になると、役所跡に汲み取り式のトイレの遺構が発見されたりするものの、依然として川の流れを利用した水洗トイレはあり、門外に近い屋外の一角に溝を造って樋を巡らし、それを側溝へ排出するような形もあった。同書では「弧状溝形水洗式トイレ」と呼ばれています。これに簡易な屋根などがつくと、いわゆる「樋殿」（トイレ）と呼ばれるものになります。

『古事記』（七一二）には〝廁《かはや》〟という字もすでに見えます（中巻）。ヤマトタケルが、その兄を、〝廁に入りし時に〟待ち伏せして殺したというくだりです。この書き方だと、厠は外であったとしても、個室的な囲みがあったように感じられます。尻は籌木《ちゅうぎ》と呼ばれる糞べラで拭いていました。

古代のトイレと祭祀遺構はしばしば区別がつかないほど似ていることは第一章の1で触れましたが、この籌木が、斎串《いぐし》と呼ばれる祭祀遺物に似ていることも区別のつきにくい一因です。

移動式のトイレ（おまる）も併存していたようで、とくに平安文学には、樋箱や壺といった便器がよく出てきます。それを〝ひすまし〟や〝大壺とり〟〝御厠人《みかはやうど》〟と呼ばれる侍女が、大路に張り巡らされた側溝や、川につながる溝に捨てに行っていました。

『源氏物語』にはこんなシーンがあります。源氏の親友の内大臣（もと頭中将）が、劣り腹の娘・近江の君を引き取った時のこと、この近江の君が、

「お便器の処理でも何でもお任せください」（〝御人壺《おほみおほつぼ》とりにも、仕うまつりなむ〟）

と言うので、内大臣は笑いだしてしまいます（「常夏」巻）。

いくら母の身分が低くても、大臣の娘のする仕事でないからです。確かにその通りなのですが、物語の伝える便器処理係の侍女は小綺麗とされる場合が多いものです。平中が盗んだ便器の処理係も十七、八歳の姿形の美しい髪の長い女でした（→4。『今昔物語集』巻三十第一）。『枕草子』（一〇〇〇ころ）には、一条天皇が可愛がっていた飼い猫を追いかけて罰せら

れた犬の話がありますが、その犬が勅命で滅多打ちになっているところを、〝御厠人〟が見て可哀想がって清少納言に報告するくだりがあります（「上に候ふ御猫は」段）。

トイレ処理は下賤の仕事とはいえ、トイレはどんな貴人にも欠かせぬものなので、それなりの容姿と性格の者が選ばれたのでしょう。

また、平安時代には屋内にトイレ的なものはなかったとする本もありますが、イベント会場ならともかく、貴婦人が人前に姿を見せなかった当時、家の隅などに便器（箱や壺）の定位置はあったと私は考えています。

保立道久は『古今著聞集』（一二五四）巻第十六の話や、平安時代の儀式書の記載などから、当時の寝殿造の邸宅には小便用の穴があった、としています（『中世の女の一生』）。『古今著聞集』の話では、女房のもとに忍んだ僧が小便をしたくなって「どこに例の穴はあるのか」と聞くと、女房が「その棹《さお》の下に穴はある」と答えているのです。

うんこに関しても、屋敷のあちこちで、箱や壺の中にしていたというより、一定の置き場があって、そこをトイレ（厠、樋殿）としていたと考えるのが自然でしょう。


〈トイレと侍〉


貴婦人のトイレはこんな感じですが、男の場合は誰が処理をしていたのかというと、侍です。

当時の侍は、「侍ジャパン」などの侍のイメージとは異なり、「貴人のそばに仕えて雑用をする従者」というのがメインの意味でした。侍（〝さぶらひ〟）という語自体、「貴人のそばにお仕えする、控える」という意の〝さぶらふ〟が名詞化したものです。

保立道久は、この侍の主たる職掌として、〝樋殿〟（トイレ）に仕えることを挙げています（前掲書）。藤原忠実のことばをまとめた『富家語《ふけご》』（一一六一ころ）には、

〝侍《さぶらひ》は湯殿・樋殿・御清目《きよめ》、以上三事は必ず勤仕《ごんし》す〟（第二五六条）

というくだりがあり、トイレの付き添いや介添えが、風呂の用意や掃除と共に、侍の主な仕事だったことが分かります。

「『侍＝武士』というよりも『侍＝トイレ掃除』という方が、まだ歴史の実態を誤り伝えることの少ない図式であるといえばいい過ぎであろうか」（前掲書）

と保立氏は書いているほどです。

一方で、侍が樋殿の奉仕を請け負っていたのは武力があればこそ、と考える学者もいます。京の大路には用排水路としての役目をもつ溝が造られていて、その側溝は総延長距離七百キロといわれます（高橋昌明「よごれの京都・御霊会・武士」……「新しい歴史学のために」199号所収、八賀晋「都城造営の技術」……『日本の古代9　都城の生態』所収）。

この溝はしばしば塵芥の捨て場となって汚染され、伝染病のもとにもなりました。すでに奈良時代の藤原京でも、

〝京城《きやうじやう》の内外《ないぐゑ》に多く穢臭《ゑしう》有り〟（『続日本紀』慶雲三年三月十四日条）

といい、

「天皇の遊覧場であり、空海がここで雨乞いの修法をして以来、請雨《しょうう》祈願の道場となった神泉苑ですら、平安中期には『四面の垣ことごとく破壊、不浄の汚穢池中に盈満《えいまん》（充満）す』（『小右記』）といわれ、鎌倉初期にはもっとはっきり『死骸充満、糞屎汚穢、あげて計《かぞ》ふべからず』（『玉葉』）と指摘されるありさまだった」（高橋昌明『京都〈千年の都〉の歴史』）といいます。

宮中の場合、その清掃は主殿寮、衛門府などが担当していました。

衛門府の職掌は警備です。

なぜ警備の係が清掃も担当するかというと、邪気や穢れを祓う「武」への期待があるというのです（高橋氏前掲論文）。『源氏物語』の「夕顔」巻で、物の怪の気配を感じた源氏が、随身に〝弦打《つるうち》〟をさせたのもこの類いでしょう。魔除けのために弓の弦を引いて鳴らさせたわけで、邪気や穢れを祓う「武」の一ジャンルと言えます。

穢れと邪気は同質のものと考えられていたわけで、それを取り払う掃除が武士に任されたのは、当時の人にとってそれだけ穢れが脅威だったからです。

とくに死の穢れは恐れられ、伝染するとも考えられていたので、死者の弔問などは〝立ちながら〟するという表現も『源氏物語』をはじめとする平安文学には多いものです。

〈平安京はうんこまみれ〉

ちなみに庶民の大小便はというと、多くは屋敷の門の近くや、屋外の一定の場所でしてい

『福富草紙』　クリーブランド美術館蔵　『続日本の絵巻 27』（中央公論社 1993）より

ました。

『落窪物語』の貴公子が、ヒロインのもとに行く途中、

「うんこのたくさんある上（〝屎のいと多かる上〟）に座ってしまった」

　とあるのも（→4）、都にはそういう場所があったことを物語っています。

『餓鬼草紙』（十二世紀末）には、町の片隅で野糞をしている子供や若い女、老人の姿が描かれています。

53ページの『餓鬼草紙』第三段「伺便餓鬼」では、人々が高下駄を履いて用便をしていて、そこいらに紙と棒状のものが散らばっています。この棒は糞を拭く「籌木」です。籌木は七世紀末の藤原宮の東側にある「東大溝《ひがしおおみぞ》」の水洗式トイレの遺構や、八世紀後半の長岡京の汲み取り式のトイレの遺構、さらに平安時代や鎌倉時代、十六世紀後半から十七世紀にかけての安土桃山時代のトイレの遺構でも見つかっており（『トイレの考古学』）、相当期間、使われていました。

高下駄うんこスタイルもかなり後世になっても続いており、十五世紀の『福富草紙』（↓8）でも描かれています（73ページ図）。

平安中期の『落窪物語』がうんこ臭にまみれているのは、林望のいう最も汚れた者こそが最も神聖な境地に達するという物語のパターンや、私の考える浄土教の不浄観の影響もあると思いますが、そもそも京の都がうんこまみれだったという背景があるからかもしれません。

それでなくても、当時の人々は消化器疾患が多かったのです。これは奈良朝末期の話ですが、写経所で働く下級官人の休暇届のトップにくるのは病欠で、中でも「赤痢・疫痢・痢病・下痢など、消化器系統の病気の多さ」が目をひき、「全体の四分の一も占めている」といいます（栄原永遠男「平城京住民の生活誌」……『日本の古代9　都城の生態』所収）。

冷蔵庫もない当時、食あたりも多かったでしょうし、『落窪物語』でヒロインを犯そうとした老医師のように、寒さで腹を下すことも少なくなかったでしょう。

当時の平安京がいかにうんこにまみれていたかは、『宇治拾遺物語』からも想像できます。それによると、清徳聖《せいとくひじり》という尊い聖が、四条の北にある小路に〝墨のやうに黒き〟うんこを垂れ流したため、〝糞の小路〟と名づけられた道があったといいます（巻第二）。清徳聖は底なしの大食いで、うんこも大量だったのですが、右大臣藤原師輔（道長の祖父）が見ると、彼の後ろには餓鬼や畜生、虎、狼、犬、烏、数万の鳥獣が無数にくっついていて、そいつらが食べ物を食べていました。それが見えるのは師輔だけで、一般人の目には、清徳聖一人で食べているかに見えていたのです。おびただしい量のうんこも、聖の後ろにくっついていた者どもが垂れ流していたのでした。

〝糞の小路〟は、あまりに汚いとのミカド（村上天皇）の仰せで、〝錦の小路〟と改名された、と話は結ばれます。

錦小路は、有職故実辞典『二中歴』によれば、もとは〝具足小路〟といったのが天喜二（一〇五四）年、宣旨で〝錦小路〟と改められたといい（井上満郎「古代都市の成立」……『日本の古代9　都城の生態』所収）、天喜二年なら村上ではなく後冷泉の御代ですが、井上氏の言うようにそのあたりの年代や、師輔の霊能力については史実としてとらえることはできないでしょう。

が、現実に、道でうんこをする人たちがいて、うんこまみれの小路があったからこそ、こんな話がまことしやかに語られたのです。

〈うんこをしない聖人〉

清徳聖はうんこをしすぎた聖でしたが、同じ『宇治拾遺物語』には、うんこをしない聖の話も語られています（巻第十二）。

昔、久しく修行している上人がいて、彼は〝五穀〟を断って何年にもなっていた。これをミカドがお聞きになり、ありがたがって神泉苑に仕まわせた。上人は木の葉だけを食ってい

たところが……いたずら好きの若い公達が集まって、

「穀類を断ってる聖のうんこはどんなだろうな。普通の人とは違うんだろう。行って見てみよう」（〝穀断ちの糞はいかやうにかあるらん。例の人には変りたるらん。いで行きて見ん〟）

と、二、三人連れだって見に行くと、〝穀糞《こくくそ》〟がたくさんしてあった。不審に思って、上人の出かけた隙に畳の下を引き開けて見ると、土を少し掘って布袋に米が入れてある。これを見た公達は、

「飯グソ坊主、飯グソ坊主」（〝穀糞聖、穀糞聖〟）

と呼んで、大笑いしたので、上人はそのまま失踪し、行方知れずになってしまった、といいます。


今なら炭水化物ダイエットに近い感じでしょうか。行方知れずになったくらいなので、そんな生やさしいものではなく、上人の嘘は一生を棒に振るほどのことだったというのが分かります。

問題はトイレの造りで、こんなにも簡単にうんこを見られてしまうのは、上人の厠は溝に流すタイプではなく、溜めておく設計であったのでしょう。ミカドが神泉苑に住まわせていたといいますから、そこで箱や壺のようなものにしたままにしていたのでしょうか。よく分かりません。

この話は平安時代の『日本文徳天皇実録』（八七九）斉衡元（八五四）年七月二十二日条や

『今昔物語集』（一一三〇）巻第二十八第二十四にも見え、上人を神泉苑に住まわせたミカドは文徳天皇と名指しされています。

ということは実際にあった話なのか……とも思うものの、厠の研究で名高い李家正文の『厠まんだら』によれば、『大智度論』（鳩摩羅什漢訳、四〇五以降?）巻十六にそっくりな話があります。

新修大正大蔵経のサイトと国立国会図書館デジタルコレクション（『国訳大蔵経』論部第一巻）で確かめると、釈迦の父王には梵志（バラモン）の師があって、〝五穀〟を食わなかったため、皆、奇特なことと敬い信奉していました。が、太子（釈迦）は考えます。ヒトの体は〝五穀〟で成り立っている、この人が五穀を食べないというのは、きっと人の気を引くための偽りで真実ではあるまい、と。そしてこの人の住む林の樹間に至り、そこにいた牧牛の人に、

「この人は何を食べているのか」（〝此人は何の食噉《くら》ふ所かある〟）

と聞くと、

「この人は夜中に〝酥《そ》〟（蘇。牛の乳を煮詰めた食べ物）を食べて、命をつないでいる」（〝此の人は夜中に少多の蘇を服して、以て自ら命を全うす〟）

と言うではありませんか。宮殿に戻った太子は腹が下る薬草を燻して〝好華〟（美しい花）にして、梵志が宮殿の王の近くに来た時、授けました。

梵志は「今まで王や夫人、内外の大小を問わず、皆、私に心服してきたのが太子だけは敬

うことがなかったのに、今日は私に花を供養してくれた」と歓喜して鼻で嗅いだところ、瞬時に花中の薬の成分が腹に入り、トイレに行きたくなってしまいます（〝下す処《ところ》を求めんと欲す〟）。

「梵志は何も食わないのに、なんで〝厠〟に向かうのか」（〝梵志食はずんば、何に縁つてか厠に向はん〟）

と太子が梵志をとらえた瞬間、梵志は王の近くで吐いてしまいました（〝便ち王の辺に吐く〟）。

〝吐中〟は〝純蘇〟だったので、王も夫人も梵志の詐《いつわ》りを知った。太子は、

「この人は本当は悪人で、名誉を求めるがゆえに一国をたぶらかしていた」（〝此の人は真の賊なり、名を求むるが故に以て一国を誑かす〟）

と言ったのでした。

『大智度論』ではうんこではなく吐瀉物のようでもあります。が、〝五穀を食はず〟と偽って王に敬われていた聖人が若者に排泄（吐瀉）物を見られ、詐欺を暴かれるという筋書きは、穀断ちして文徳天皇の近辺に居住、若者たちに見破られたという日本の話と同じ構造です。

こういうのを見ると、日本のオリジナルというものはなかなかないものだなぁと思います。『万葉集』から取られたという元号「令和」のルーツが『文選』など漢籍にあったことが取り沙汰されたものですが、もともと文字がなく、中国から伝わった漢字を使って文章を紡い

でいた日本は、勢い中国の文物の影響を受けざるを得ないわけで、『古事記』『日本書紀』が中国の歴史書を参考に編纂されているのはもちろん、日本最古の仏教説話集の『日本霊異記』（八二二）も中国の『冥報記』（七世紀）や『法苑珠林』（六六八）の話に基づいている。姥捨て山伝説といった日本の民俗と思われているものも『雑宝蔵経』（二世紀ころ成立。四七二漢訳）にルーツがあるのです。穀糞聖の話もその類いかもしれません。

6 『正法眼蔵』は鎌倉時代版『人生がときめく片づけの魔法』

幸せになるトイレのマナー

「大小便を洗うことを怠ってはならぬ。舎利弗《しゃりほつ》はかつてこのことをもって外道《げどう》を帰服せしめたことがあった」（増谷文雄訳）

〝洗大小便おこたらしむることなかれ。舎利弗、この法をもて外道を降伏《がうぶく》せしむることありき〟

『正法眼蔵』「洗浄」巻

〈糞掃衣〉

平安中期に流行った浄土教では、この世を穢土として厭い、人体を汚物の塊と見なして、清らかな浄土を目指していました。

そんな浄土教の影響を受けた平安文学が、うんこを強く意識し、物語的にも大きなテーマになっていることはすでに触れましたが、鎌倉前期、曹洞宗を興した道元は、ズバリ、トイレのマナーを詳細に説いています。

道元は、『正法眼蔵』で、〝糞掃衣《ふんざうえ》〟ということばを紹介します。

糞掃とは〝pāṃsu〟の訳語。「塵や糞を意味することば」で、糞掃衣は「塵・芥のように捨てられる布をもって造《ママ》られた衣」を指します（講談社学術文庫『正法眼蔵』一注）。袈裟はもともと小片の布を縫い合わせたパッチワーク的な形状ですが、中でもボロ布のパッチワークというわけです。

『正法眼蔵』の「袈裟功徳」巻によると、

〝諸仏の常法、かならず糞掃衣を上品《じやうぼん》とす〟

〝それ最第一清浄の衣財《えざい》は、これ糞掃衣なり〟

といいます。

よりによって〝糞〟などという名のついている汚い衣が最も清浄であるとは逆説的ですが、道元によると、使い古しの布から使える部分を拾って作るとはいっても、大便・小便を洗い浄めうる部分を取るのであって、

「長く深く汚物のしみて、洗い浄《きよ》めがたいものはとってはならない」（以下、現代語訳は増谷文雄全訳注『正法眼蔵』一より引用）。

逆に言うと、

「洗い浄めうるものは、これをとるべきである」

という、エコの精神が横たわっています。

『正法眼蔵』は一二三一年または一二三三年から一二五三年に道元が死ぬまで書き続けられた未完の仏教思想書で、「即心是仏《そくしんぜぶつ》」「諸悪莫作《しょあくまくさ》」「大悟《だいご》」「阿羅漢」「出家功徳」などなど、七十五巻の大部にわたって、道元の仏教観、禅の思想が披露されています。

その中で、うんこ的に外せないのが、「袈裟功徳」巻で説かれる「糞掃衣、最上！」という主張と、トイレのマナーを詳説するその名も「洗浄」巻なのです。

〈道元の説くトイレのマナー〉

そもそも仏教思想書に「洗浄」という巻があるのが興味深いのですが、その説くところは、「僧たちがその身心《しんじん》を清浄《しょうじょう》に保つこと、もっと具体的にいえば、なによりも大小便に関することである」（増谷氏前掲書開題《マ》《マ》）。

道元は経典を引用しながら、
「身を浄めるとは、大小便を洗い、十指の爪を剪《き》ることである」
と説きます。そして、
「大小便を洗うことを怠ってはならぬ」（〝洗大小便おこたらしむることなかれ〟）
として、事細かにトイレのマナーを説明します。

以下、引き続き増谷氏の訳を紹介すると……。

「樹下《じゅげ》や露地にあって修行するときには、便所はないから、便宜の谷の水や河の水などによって、分土《ぶんど》をもって洗浄するのである。そんな時には灰はないから、二とおりの七つの丸めた土を用いる」

灰は今で言う石けんのようなものです。屋外では灰がないから土を丸めて代用するというわけです。で、

「その用い方は、まず法衣《ほうえ》をぬいでたたんでおいたのち、あまり黒くない黄色の土をとり、一つの大きさが大きな大豆ぐらいに分けて、石の上か、あるいは然るべきところに、七つずつ二とおりに並べておく。それから磨き石にする石を準備する。そこで便をする。すませたならば、木片を使い、あるいは紙を使い、それから水辺にいたって洗浄する。それには三丸の土を用いる。まず一丸の土を掌《たなごころ》にとり、水を少し加えて、泥よりも薄く水ばかりのようにして、まず小便を洗浄する。ついで一丸の土をもって、同じようにして大便の処を洗浄する。さらに一丸をもって、同じようにして手を洗うのである」

さらに寺のトイレの使用法を解説。「東司《とうす》」あるいは「圊《しょう》（せい、しむ、とも）」「廁《し》」というトイレの呼び名を紹介したあと、

「東司に行く法は、かならず手巾《しゅきん》をもつ。手巾はふたえに折り、左の臂《ひじ》の上のあたりの袖の上にかける。すでに東司にいたったならば、竿《さお》に手巾を掛けるがよい。その掛け方は、臂に掛けるようにすればよい。もし九条・七条などの袈裟衣を着ていたならば、手巾に並べて掛けるがよい」

袈裟は布の小片を縫い合わせて作られていますが、その縦列を条といい、七条、九条の袈裟は、通常用いる五条の袈裟より丈が長いため、用便の際には外せというのです。その掛け方にも事細かな指示があります。

「落ちないように、よく並べておくがよい。あわただしく投げかけてはならない。またよく記号に注意するがよい。記号というのは、竿に字を書いたり、白い紙に字を書いて輪のよう

にして竿につけ並べておくのである。だから、いずれの文字のところにわが衣をかけたかを忘れず、間違えぬようにする。それが記号なのである。僧たちがたくさん来ても、自他の竿の位置を乱してはならない」

　要はロッカーのナンバーのようなものが寺のトイレにはあったわけで、その番号をよく覚えておけというのです。トイレマナーの注意書きはまだ続きます。

「もしその間に、僧たちがきたって並ぶような時には、手を合わせて挨拶するがよい。挨拶するには、必ずしも相向かって身をかがめず、ただ合わせた手を胸の前にあてて、一礼の様子を示すだけでよい。東司にあって、衣を着ていない時でも、僧たちに会わば一礼の様子をなすべきであり、もしまだ両手とも局部にふれない時、あるいは両手ともなにももっていない時には、両手を合わせて一礼するがよく、もしすでに片手を触れた時、もしくは片手になにかもっている時には、他の片手で挨拶するがよい。片手で挨拶するには、掌《たなごころ》をあおむけて、指さきを少しかがめ、水をすくうようにして、頭を少し下げるような様子をして挨拶するのである。向こうがそうしたならば、こちらもそうするがよい。自分がそうすれば、向こうもまたそうするであろう」

　以下、脱いだ衣のたたみ方や掛け方、水の使い方、トイレの扉の閉め方等々が異様なまでに細かく説かれます。一つ面白いのは、トイレに入った時、

「立ったままで槽に向かって指をならすこと三度するがよい」

というくだりで、これはまじない的な作法でしょうか。

「そのとき左手は、拳《こぶし》にして左の腰につけておく」つぎに、袴の口、衣の角《はし》をおさめて、門に向かい、両足で槽の入口の両端を踏んで、蹲《かが》んで用を足す。両端をよごしてはならない。前後にかけてはならない。その間は黙然としているがよい。壁を隔てて語り、あるいは笑ったり、声をあげて歌ったりしてはならない」

などというのも、用便一つとっても厳粛さを求める姿勢がうかがえます。

「壁に字を書いてはならない」

ともあって、トイレのいたずら書きは昔からあったことも分かります。

トイレの作法はまだ続きます。

用便後はへら（籌木《ちゅうぎ》→5）を使ってこそぎおとすこと、あるいは紙を使ってもいいけれど、古紙や字が書かれた紙を使ってはいけないとか、へらの使い方、手の洗い方、柄杓は必ず右手で取れだの、香の使い方だの、何かの契約書のように微に入り細に入り、事細かなのです。

それもこれも、仏に相対するには身が穢れていてはいけないからで、

「もし洗浄せざれば、僧牀《そうしょう》に坐し、三宝を礼することを得ざれ。また、人の礼拝を受くることを得ざれ」

と仏典にはあり、また、仏陀の息子の羅睺羅《らごら》はある時、寝る部屋がなくて〝仏厠〟（仏の厠）に泊まったという故事を引用、

「仏の廁屋の作法は洗浄である」

「廁屋は、仏の説法の場の一つであったのである。その道場における立ち居振る舞いは、まさしく仏祖の正伝《しょうでん》するところなのである」

と、トイレは仏の説法の場でもあったので、そこでのマナーは仏教的にも非常に大切なことを訴えています。


道元の教えを弟子が記した『正法眼蔵随聞記』の言う〝道を得ることは、正《まさ》しく、身《しん》を以て得るなり〟（二ノ二十七）という教えがここにあります。

仏道の悟りを得るには、心……抽象的な理論……ではなく、座禅など身を以ての実践にあるというわけです。

『正法眼蔵』の現代語訳や、のちに曹洞宗の僧侶となったことでも知られる西嶋和夫によれば、

「身体を清潔にすることが直ちに心を清潔にすることであり、これこそ仏教における中心思想の一つであって」

「大小便をすること等日常生活における極めて卑近な行動の中に、最も重大な宗教的意味がかくされている」（仏教社『現代語訳正法眼蔵』第一巻）

という思想が形となって存在しているわけです。

〈『正法眼蔵』は鎌倉時代の『人生がときめく片づけの魔法』？〉

昔の人と比べれば潔癖症のきらいのある現代人から見ても、過剰なまでに潔癖かつマニュアル的な『正法眼蔵』の方法論は、世界中で大ヒットした近藤麻理恵の『人生がときめく片づけの魔法』にどこか似ています。

同書は、『正法眼蔵』ほど細かなやり方を説いているわけではないものの、衣服は必ず三つ折りにして自立するように説くなど、服のたたみ方一つとっても細かなルールが決められています。何より「片づけ」によって部屋のみならず頭も整理され、自分のやりたいことが分かってくる、「パートナーとの仲も改善された！」（同書改訂版　版元の宣伝コピー）というように、片づけには人生を変えるパワーがあるとしています。これって、〝洗大小便おこたらしむることなかれ〟と記したあと、〝舎利弗、この法をもて外道を降伏せしむることありき〟と、威儀の整った舎利弗の姿に、外道が敬服、仏道に帰依するようになったという効能を説いた『正法眼蔵』と同じではないか。

『正法眼蔵』のトイレマナーは、身を清浄に保ち、トイレを正しく使うことで、心が安定、自分も他者も幸せになる……という、いわば鎌倉時代版『人生がときめく片づけの魔法』なのではないか。

逆に言うと、「片づけ」という卑近な行動が、人生の重大事を左右するという『人生がときめく片づけの魔法』のルーツは、道元の『正法眼蔵』、中でもトイレマナーを記した「洗浄」巻にある。

そんなふうに私は思うのです。

（そういえば、やましたひでこの「ウチ、〝断捨離〟しました！」という番組を好きで見ているのですが、物を減らして自分を取り戻す、物が主役でなく、人間＝自分が主役の暮らしを目指すといった内容で、やました氏が学生時代に出会ったヨガの思想がベースになっているといいます。こちらはよりダイレクトに仏教思想とつながっていて、やました氏には『心を洗う 断捨離と空海』という著書〈永田良一との共著〉もあります）

〈道元の人間観〉

ついでに言うと『正法眼蔵』は、仏道修行には導師が必要で、その導師は性別・年齢・容姿で判断してはならないと言います（「礼拝得髄」巻）。

「わが国に一つの笑うべきことがある。それは、あるいは結界といい、あるいは大乗の道場と称して、尼僧・女人の入ることを禁じていることである」（〝日本国にひとつのわらひごとあり。いはゆる、あるいは結界の地と称し、あるいは大乗の道場と称して、比丘尼・女人等を来入せしめず〟）

として、女人結界などは笑止千万である、とも説いています。

釈尊在世のころの集会にはいつも比丘尼もいた。なのに、比丘尼は入るべからずとする道場に、男というだけで田夫・野人が入っているのは、おかしいと、当時の日本の仏教界のいわれなき女性差別を糾弾しているのです。

もっともな話で、トイレのマナー共々、合理的・科学的な道元の哲学というようなものが浮き彫りになっています。

第三章　中世〜近世のうんこ　トイレは異界への入り口

7「トイレの怪談」のルーツ　怪異と禁忌の系譜

「（金弥《きんや》と銀弥《ぎんや》は）深夜にいつものように連れ立って明かりを照らして厠に行った。金弥がまず先に入っていたのだが、何かあったのか、しばらく経っても出てこない。銀弥はあまりに待ちくたびれたので、何の気なしに戸の隙間から様子をうかがうと、これはどうしたことか、金弥が顔立ちはそのままに、真っ赤になって目を見開き歯を食いしばって、左右の手には火の玉を二つ持ってお手玉のようにしていた。火の玉の光が厠に満ちて、真っ赤な顔に明るく照り映えた様は、いかなる物の怪なのやら、二目と見られるものではなかった」

〝夜深て常の如く呼連れて、燈火てらしてかわやに行ける。金弥はまづ先に入てけり、いかにかしけん程経れども出でこず、あまりに待ちこふじたれば、何の心もなく戸のすきよりうかゞひたれば、こはいかに、金弥がおもては常ながら、其色朱の如く目を見張り歯をかみ合せて、左右の手に火の丸がせを二つ迄持て、手玉にとるよふにして居にけり。火の玉の光りかわやの内にみちて、朱の如きおもてに、明らかに照り合たる様、いかなる物のけなるやらん、二目ともみるべき様ぞなかりける〟

『反古のうらがき』「怪談」

〈トイレは鬼神と出会う場所〉

藤原忠実の談話集『富家語』には、侍の主な職務として〝樋殿〟（トイレ）の奉仕が記されていることは、第二章の5で紹介しました。

これについて面白い指摘をしているのが田中宗博です。田中氏は忠実の曾祖父・頼通が〝御樋殿〟（トイレ）で〝顚倒〟して気分が悪くなった際、女房に仕える少女に〝物〟（物の怪、霊）が憑いた話（『富家語』第一三六条）、ふだんは侍を使わぬ祖父・師実が外出後、〝御樋殿〟に行く際は侍をお供に使う話（同第一三八条）を挙げ、

「『樋殿』すなわちトイレを〈場〉とする怪異との遭遇を語る説話は、現代の〈学校の怪談〉にまで及ぶ息の長い伝承の歴史がある」として、

「頼通が帰宅後『樋殿』で倒れたという語りのディティールは、意外に大きな民俗的心意に繋がるのかも知れない」（「心誉験者説話の始原と展開――『富家語』の言談とその受容の諸相」……「百舌鳥国文」19所収）

と指摘しています。

トイレに侍を伴うのは、邪気を祓うという侍の役割を期待しているわけで、それはトイレが怪異が発動する場所だからであり、そうした観念は、「トイレの花子さん」といった、現代の学校の怪談につながっているのではないか、というのです。

〈トイレ中の友達を覗き見て死んだ少女〉

うんこは人に嫌われるものであるがゆえに、鬼神に魅入られぬという魔除けパワーがある（→3）一方、排泄の場であるトイレには、古代には乙女を犯そうと神が現れたり（→1）、江戸時代には人の尻を撫でたり尻子玉を抜こうと河童が出てくるなど、鬼神と出会いやすいというパラドクスとでもいうべき現象があります。

そして、トイレが物の怪を寄せ付けやすい場であるという発想で古典文学を見ると、なるほどトイレは怪談の宝庫なのです。

時代は下りますが、江戸後期の学者・鈴木桃野（一八〇〇〜一八五二）による『反古のうらがき』にはその名もずばり「怪談」と題するこんな話が収められています。

昔、一国を領有する太守に、金弥と銀弥という十六歳の美少女が仕えていた。二人は仲が良く、寝る時も一緒でしたが、一年ほどして金弥が病気で里に下がり、二カ月後に戻ってきました。銀弥は喜び、「宮仕えは人に憎まれ妬まれることも多く、つらいことが絶えないものなのに、私たちは実の姉妹のようね」と語り合って片時も離れませんでした。

半年経った秋の夜。いつものように共に〝かわや〟へ行くものの、先に入った金弥がなかなか出てこない。何の気なしに銀弥が中をうかがうと……金弥の顔は朱のようになって火の玉をお手玉のように操っているではありませんか。銀弥は恐ろしく思いながらも、これを人に告げて、これまでの金弥との友情を無にしてしまうことができず、知らぬ顔をして済ますのが一番であると、恐ろしさをこらえていました。そうしてその後も共に寝て、一緒に宮仕えへ出かけ、夜になれば今まで通り一緒に〝かわや〟へ行っていましたが、そのうち疲れ果てて病気になってしまいました。

金弥はつききりで看病しながら、「最近何か見たのでは？」と何度も尋ねます。

「いよいよ〝物の怪〟に違いない」と追いつめられた銀弥の病状は悪化。今は命も限りと見えたので、実家の両親が修験者に祈らせると、

「これは間違いなく物の怪が憑いている。非常に危険だ。今日の夕方まで無事だったら助かる方法はあるが、それまで心配だ。早急に手元に呼び寄せなさい」

と言います。

驚いた両親が銀弥のおば夫婦に頼んで駕籠で迎えに行かせ、修験者のことばを伝えたところ、銀弥は金弥が〝物の怪〟であると打ち明けた。

「それなら我々夫婦が付き添って家に送るから、何の心配もいらない」

と、おばは銀弥を励まし、道を早めて行くうちに、家も近づいてきた夕刻、空も曇り、時刻より早く薄暗くなって、折しも人家のまばらな場所にやって来ました。

「もう家もすぐ近くだから」と、少し気持ちが落ち着いてきたところへ、急に駕籠の中から魂が消えるほどの叫び声がした。

〝こはいかに〟と、駕籠の垂れ幕を上げて見たところ、銀弥はあおむけに反り返り、〝面の皮一重〟がむき取られ、目鼻も分からぬ状態で死んでいる。

仰天したおば夫婦は銀弥の両親に事情を話し、両親が太守に訴えると、金弥の行方が知れない。そこで金弥の母親に問い合わせたところ、金弥は病で里に下った二カ月後に死んでいて、再び宮仕えはしていないといいます。つまり、里下がりから戻って来た金弥は、金弥ではなかったわけです。

そもそも金弥の病も物の怪のしわざなのか、あるいは亡き金弥の霊魂が怪異をなしたのか、それは〝しりがたし〟（分からない）と話は閉じられます。

〈トイレの中を覗いて化物にあって死んだ役人〉

何とも恐ろしい話ですが、かくいう私も中高時代、連れだってトイレに行ったものです。今思うとなぜ？　という気もしますが、こうした習慣は、昔のトイレの構造と関係しているかもしれません。

関西の亡き父方祖母の家のトイレは母屋とは別の、外にあったものです。そのため、祖母の家に泊まると、夜のトイレが怖くてならず、母や祖母に付き添ってもらったものです。

祖母の家に限らず、昔のトイレはたいていは外や外に近い場所にあったので、昔の人は、単純に怖くて、誰かと連れだって行くということが多かったのでしょう。女子中高生や小学生が誰かと一緒にトイレに行くのは、そうした時代の記憶が残っているからかもしれません。それにしても、安心するための連れが〝物の怪〟であるとは恐ろしい限りです。


中国では厠で化け物が待ち伏せし、奇怪な行動を取る話もあります。牛粛の『紀聞』（八世紀ころ）の「便所の怪」（以下「 」引用は前野直彬編訳『唐代伝奇集』2から）によると、楚丘県（山東省《ママ》）の王無有という役人が病気の際、便所に一人で行くのは心もとないので女中を連れて行こうとしたところ、嫉妬深い妻は許してくれない。やむなく一人で便所へ行き、壁の隙間から中を覗くと、誰かが向こう向きにしゃがんでいる。「色は黒くて、立派な体格の男」なので、無有は人夫と思って気にせずにいた。ところがその男が振り向くと「目はくぼみ、鼻は高く、口は虎のように大きくて、爪は鳥のように鋭い」。そして無有に、

「お前さんの靴をくれないか」

と言う。驚いた無有が返事もできずにいると、「化物は壁の穴から手をのばし、無有の靴をひったくって、口に入れた」。化物が靴を噛むと、中から血が出て「肉を食っているように見える」。恐ろしくなって引き返した無有は妻に言った。

「わしは病気で便所へ行きたくなったのに、女中一人に送らせるのさえ、お前が今しがたどうしてもいかんと言ったものだから、案の定化物に出会ってしまったぞ」

それでも妻は信用しないので、今度は妻を連れて便所に行くと、またも化物が現れ、残る片方の靴も奪い取るなり食べてしまった。その後、無有が裏庭にいた時、また化物が現れ、

「お前の靴を返してやるぞ」

と投げてよこした靴は嚙み跡もなく、以前と変わることがない。無有が巫女に厄払いを頼むと、化物が巫女に向かって言うには、

「あと百日の命じゃ。早く郷里へ帰らぬと、この土地で死ぬことになるぞ」

そこで無有が郷里に帰ったところ、化物のことば通り、百日目に死んだのでした。

〈トイレを覗き見するのは凶〉

百日の寿命は決まっていたものの、当時の中国人にとっては郷里で死ぬことが大事だったのでしょう。今でも赴任先で死ぬよりは、父母や親戚のいる故郷で死にたいという人は少なくないかもしれません。

出典となった『紀聞』は平安時代の漢籍目録『日本国見在書目録』（八九一）には見えないので、日本に伝来していた証拠はありませんが、中国でも日本でもトイレは魔物と出会う場所であったことが分かります。だからこそ、病で弱った無有は下女をトイレに伴うことを望んだのです。しかし妻に拒まれ、案の定、魔物に遭遇してしまった……。

先の『反古のうらがき』の話も中国が舞台という設定でした。その話に出てきた銀弥も、この話の無有も、トイレの中を覗いたことが怪異にあうきっかけになっていることからする

と、トイレを覗き見てはいけないといった、トイレのマナー的な教訓が、これらの話には含まれているのかもしれません。

〈トイレは異界への入り口〉

トイレの恐ろしい先客と言えば、兄が〝廁に入りし時〟、待ち伏せして殺したヤマトタケルの『古事記』の話（→5）も、兄の立場にしてみればヤマトタケルは魔物そのものでしょう。

前述のように、同じ『古事記』中巻には、初代神武天皇の皇后の母が、〝大便《くそま》らむと為《せ》し溝《みぞ》より流れ下りて〟来た丹塗矢《にぬりや》（赤く塗った矢）に〝ほと〟（女性器）を突かれた話がありま す（→1）。この丹塗矢は三輪のオホモノヌシノ神の化身で、その後、二人はセックスして生まれたのが皇后というわけですが……母にしてみれば、トイレでいきなり陰部を突かれるとは恐怖以外の何ものでもなかったのではないか。

河童が便所に忍び込み、人の尻子玉を抜くという話も、トイレの怪異に含まれるでしょう。『古事記』の神話や、河童は水神の零落した妖怪と言われることからすると、トイレに現れるのは物の怪や化物だけでなく、「神」も含めた鬼神と言えます。

要するにトイレはこの世ならぬ異界への入り口なのです。

物の怪や邪気といった鬼的なものだけでなく、神とも交流できる場なのです。

第一章1でも触れたように、古代の祭祀施設とトイレの遺構は酷似して時に見分けがつきませんでした（『トイレの考古学』）。

どちらも導水施設があるなど、水に関わりが深いからです。

しかし初代神武天皇の皇后がトイレで神と出会ったことを思えば、トイレも祭祀施設も同じく神と通じる場であったわけで、両者が似ていたとしても不思議はありません。

つまり、祭祀施設もトイレも共に神と出会う場であった。

排泄は「穢れ」であると同時に、身を清める「禊ぎ」でもあって、性愛のエクスタシーにも通じる脱糞の快感を得られる場でもあります。昔の人は夢で異界と通じ、夢の告げを大事にしていたことが『古事記』でも『源氏物語』でも分かりますが、睡眠時に次いで人の意識が薄らぐのが性交や脱糞時でしょう。

加えて太古のトイレは、川や水路に通じる溝を掘った水洗便所のため、水神の出番となります。水神は龍や蛇、零落すると河童に姿を変えているもので、美女の排便時に現れた三輪のオホモノヌシノ神の本体も、『日本書紀』の崇神天皇十年九月二十七日条では〝美麗《うるは》しき小蛇《こをろち》〟でした。

彼らは女とまぐわったり、河童であれば尻を撫でるといった性的な関係を、必ずといっていいほど結ぼうとする。

それは太古のトイレが神と交流する場であったからで、トイレはいわば異界への入り口、鬼神と通じる場だった。それが時代が移り、トイレの形態が変化し、また穢れ意識が強まるとトイレに出没する神は零落した。トイレは不浄の場所として、物の怪や化物、妖怪の跋扈する場所となった。そんなふうに思うのです。

〈トイレで唱えるおまじない〉

トイレが鬼神と出会う場であるとすれば、そこにさまざまな禁忌や俗信があるのも不思議はありません。

作家・永井義男の『江戸の糞尿学』は、江戸時代のトイレ事情を詳細に調べた力作で、トイレの俗信も紹介されています。同書によると、江戸中期の『夏山雑談』（一七四一）には、〝時鳥の初音を厠にてきけば禍《わざはひ》あり〟と記されており、この俗信はかなり信じられていて、滝沢馬琴の日記の天保七（一八三六）年四月十一日の項にも出てくるといいます。

なぜトイレでほととぎすの初音を聞くと禍があるのか。

調べてみると、これは中国の奇談集『酉陽雑俎』（八六〇ころ）に記される俗信でした。同書によれば、

「杜鵑《ほととぎす》は、始陽にたがいにせかして鳴く。さきに鳴くものは、血を吐いて死ぬ。かつて、ある人が山道を行き、一群が静まりかえっているのを見て、いささか、その声をまねたところ、すぐさま死んでしまった。最初、鳴いたとき、さきにその声を聴いた者は、別離にかかわりがある。厠でその声を聴いた者は、不吉である。これを調伏する方法は、大声で応答することである」（巻十六。東洋文庫『酉陽雑俎』3より訳文引用）

と。夜間にも甲高い声で鳴くほととぎすの習性が不吉な印象を与え、その鳴き声を聞くと禍があるという俗信を生んだのでしょうか。

不運にしてほととぎすの声をトイレで聞いてしまった場合の対処法が「大声で応答する」というのも面白く、永井氏の前掲書でも紹介されているのが、口から鳥を吐くという異様な行為をする入道姿の妖怪です。この妖怪は、「加《が》牟《ん》波《ば》理《り》入道《にゅうどう》」といい、鳥山石燕『今昔画図続百鬼』（一七七九）によれば、

「大晦日の夜、厠に行って、『がんばり入道ほととぎす』と唱えれば、妖怪を見ないということは、世間の知るところである」（〝大晦日の夜、厠にゆきて「がんばり入道郭公《ほととぎす》」と唱ふれば、妖怪を見ざるよし、世俗のしる所也〟）

といいます。同書の絵だと、〝がんばり入道〟（加牟波理入道）自体が妖怪にしか思えません。口からほととぎすとおぼしき鳥を吐く入道を見ないようにするため〝がんばり入道郭公〟と唱えるのか、厠でほととぎすの声を聞いたことによる凶事を避けるため、がんばり入道にほととぎすの声を打ち消してもらおうとしているのか……この絵と説明ではよく分かりません。

〈がんばり入道とは何者か〉

そもそも〝がんばり入道〟とは何者なのか？

十返舎一九の『列国怪談聞書帖』（一八〇二）によると、彼は大和の国の変質者でした。

がんばり入道　『鳥山石燕　画図百鬼夜行』
所収『今昔画図続百鬼』より

同国泥川《どろがわ》のあたりに染木某という異常性欲者がいて、たまたま彼とセックスした女は昼夜深窓に監禁され、その〝遨淫《がういん》〟（精力の強さ）の責め苦で、しまいには命を落とす女が多かったというのですから尋常ではありません。そこで家族が彼を諫めて剃髪させ、山中の別宅に住まわせた。そんな彼は〝白眼〟で婦女を見るので、世間の人は、

〝眼張《がんばり》入道〟

と悪口を言って笑っていました。白眼が見えるほど目を見開いて女を凝視していたわけです。やがて入道は村の農夫の娘をひそかに拉致監禁。出かける時は押入へ閉じ込め、錠をおろしていた。そんなある日、盗賊がこの入道の留守を狙って財宝を奪おうと押入をこじ開けてみると、美しい少女が泣き伏していた。事情を知った盗賊が少女を哀れみ、共に外に出た

りました。

ところへ入道が帰宅。襲いかかる入道を一刀のもとに殺した盗賊は、少女を親元に返してやところがこれで事は収まらず、以来、白衣を着た入道の亡霊が、少女の家のあたりをうろつくようになった。少女はいち早く避難したものの、亡霊はそこかしこを歩き回り、村中の家ごとに、灰小屋や厩《うまや》、トイレの隅々まで、毎晩のように少女の行方を探し求めるようになりました。村中は恐怖に包まれ、入道を供養しても効果がありません。それが夏のころとて、山犬が病気になって村に狂い出て、この入道を噛み殺してしまいました。夜が明けて入道を見ると、年を取った狐が白い薄物をかぶって死んでいた。人々は、

「入道の執着心に狐が取り憑いていたのを、山犬が殺したのだ」

と、語り合ったといいます。

山犬が病気になって狂い出たというのは、狂犬病のことでしょうか。

死んだはずの入道の亡霊が、さらに山犬に噛み殺されたというのも不可思議です。

全体に恐ろしくもおぞましい話で、新潟県で九歳だった少女が九年間監禁されていた事件（二〇〇〇年発覚）等が思い出されます。

「がんばり入道」という妖怪がもともといたところに、十返舎一九が由来にまつわるストーリーを作ったという可能性も捨てきれないものの……今あるような事件は昔も必ず起きているものです。実際にこれに近い事件が起きていたのでしょう。

注目すべきは、そこにトイレが関わっていることで、人が無防備な姿にならざるを得ないトイレは、今も変質者が出没しがちですが、昔も同様だったのです。

〈殺された人間が便所の神になる〉

殺された人間が便所の神になったということでいうと、前章の5で紹介した中国の紫姑神がいます。

『異苑』（五世紀？）によると、彼女は正妻に嫉妬されて汚い仕事ばかりやらされていたため憤死したといいますが、『中国古典小説選』2の余説（説明）によれば、

「この紫姑神の信仰は後世までかたちを変えつつも伝わり」

「様々な不幸な死に方をした女性の幽霊が降りてきて自分のことについて語るという形式になった」

といいます。

かつて母屋から離れた場所に建てられていたトイレは実際に暗くて危険な場所でした。トイレで倒れたり、命を落としたりする者が少なくなかったからこそ、そこには不幸な死に方をして鬼神になった者がいるというような説話が多く残されているのでしょう。

江戸時代になって、うんこが下肥として盛んに利用されるようになると、トイレの神様の形態も変わり、手や目が不自由であると言われるようになります。

下肥として使われるうんこに、紙や棒（かつては棒で尻を拭いていた地域も多かった）が

混入するとまずいので、トイレの神様は目が悪かったり手がなかったりして、それらを拾えないから捨てるなというわけです（大楽和正「トイレのフォークロア」……『肥やしのチカラ』所収）。

8　おならの罪　おならで村が全滅、上皇が作った「おなら絵巻」

「死んだ信雅《のぶまさ》朝臣は顔は良かったが、後ろがすこぶるダメだった。その息子は成雅朝臣だ。成雅は顔はダメだったが、後ろが厳父にまさっていた。それでえらく可愛がっているのだ」

〝故信雅朝臣は面《おもて》は美《よ》くて後《うしろ》は頗る劣れり。男は成雅《なりまさ》朝臣なり。成雅は面は劣りて後の厳親《げんしん》に勝《まさ》るなり。これに因りて甚だ幸ひするなり〟

『富家語』第一八四条

〈穴と男色〉

上田秋成による『雨月物語』（一七六八序、一七七六刊）の「菊花の約《ちぎり》」は、中国の『古今小説』第十六巻「范巨卿雞黍死生交」を翻案したもので、二人の登場人物は男色関係にあるというのが通説です（鵜月洋『雨月物語評釈』など）。

タイトルの「菊花の約」も、原拠の「范巨卿雞黍死生交」の男二人が〝重陽の佳節〟、つまりは菊の節句に再会を約束したところからきているとはいえ、「菊」というのは「肛門の異称」であり、「とくに男色に関していう場合が多い」（『日本国語大辞典』）というのはよく知られています。

「菊の花」「菊座」も同様です。

その意味で「菊花の約」はあからさまな男色の表現こそなけれども、肛門性交を連想させるタイトルとなっています。

内容的にも加古（加古川）の丈部左門《はせべさもん》が、出雲出身の赤穴《あかな》宗右衛門を看病したところから交流が始まり、兄弟の契りを結ぶまでになる。

原拠同様、重陽の節句の日に再会を誓った宗右衛門でしたが、月も沈むころやっと現れた彼はすでにこの世の人ではありませんでした。というのも、本国に帰った彼はいとこの紹介で尼子経久に会うものの、旧主に劣ると判断したため辞そうとした。それで尼子は疑心暗鬼に陥り、その命を受けたいとこは宗右衛門を監禁。宗右衛門は左門との約束の日に再会することが不可能となります。とにかく左門との約束を果たしたい宗右衛門の心に浮かんだのが、〝人一日に千里《ちさと》をゆくことあたはず。魂《たま》よく一日に千里をもゆく〟という古人のことばでした。亡魂となって左門のもとに飛来したい、約束を果たしたい。その一心で自ら命を絶って、死霊となってやって来たと言うのです。

死霊となってまで来てくれた宗右衛門のことばに激しく心動かされた左門は、翌朝、出雲へと向かい、宗右衛門を監禁した彼のいとこを殺して行方をくらまします。尼子も〝義兄弟〟となった男二人の信義の深さに感じ入り、強いて左門を追跡させることもなかったといいます。

赤穴は出雲の古い豪族といいますが、〝穴〟という語がなんとも象徴的です。

鎌倉時代の作といわれる『稚児草子』に出てくる稚児はもっと露骨で、男根の元気のなくなった老僧がスムーズに挿入できるよう、中太という乳母子に命じ、自分の〝後門〟（肛門）に大きな張り形を入れさせて拡大したり、潤滑油となる〝丁字〟（香油）を肛門に塗ったりといった準備をすることで、老僧が行為を〝とどこほりなく〟できるようにしていました。

毎夜のようにそんなことを手伝わされる中太はいい迷惑で、

「〝毎夜の奉公のしるし〟に、時々は自分にもさせてほしいのに、あまりに思いやりがない」

と不満に思っています（田野辺富蔵『医者見立て好色絵巻』より）。

男色が穴頼みであることがよく分かる例です。

〝樋殿〟の奉仕は侍の主要な職務と語った平安末期の関白藤原忠実（→5）となると、これら物語の男色と違い、相手の固有名詞もはっきりと男色の実態を語っています。

彼は源信雅と成雅の父子双方と関係していましたが、信雅は顔はいいが〝後ろ〟がダメ、成雅は顔は劣るが〝後ろ〟が良かったから寵愛していたと証言しています（『富家語』第一八四条）。

〝後ろ〟という語がなんとも生々しいではありませんか。

〈系図〉を作ったので御覧下さい（次ページ）。

忠実の正妻の師子は信雅の姉妹で、早死にした前妻の任子はそのいとこです。

信雅にしてみれば、息子や姉妹やいとこがセックスしているのと同じ相手とセックスしていたわけです。

こういうケースは平安末期、珍しくなく、忠実の子の頼長も藤原家成の息子三人や家成の甥と性的関係を結び、また妻の兄弟の藤原公能をもセックスの相手にしています（頼長の男色については五味文彦『院政期社会の研究』に詳しく、拙著『女系図でみる驚きの日本史』でも言及しています）。

忠実の妻と男色系図
（『富家語』『今鏡』『尊卑分脈』等による）

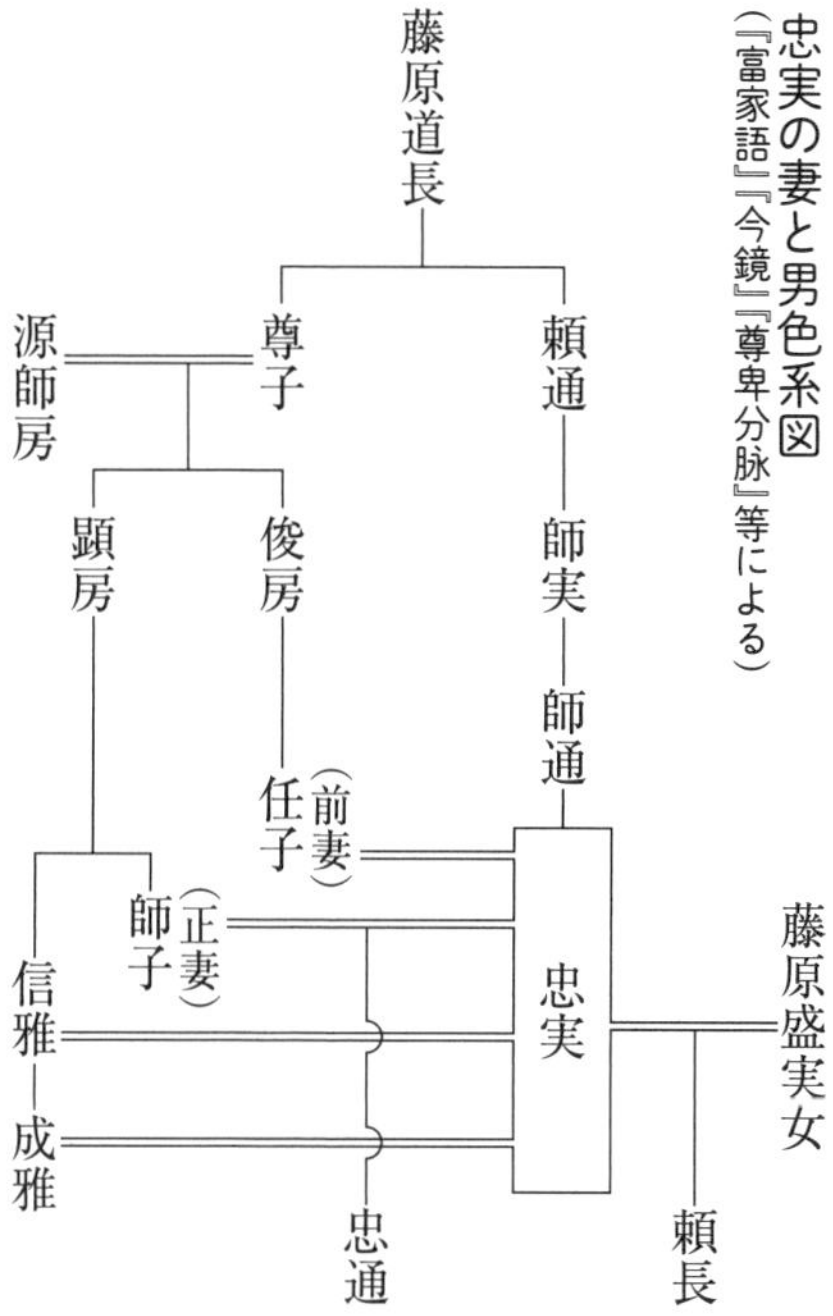

日本では神話時代の昔から、性的関係を結ぶことで政治的にも結びつきを深めていくことが行われていた。それが男同士にも応用されたというのが私の考えです。

〈日本神話と男色〉

うんこの話とずれてしまいましたが、うんこの出所たる肛門は、生命の出所たる膣や陰茎に隣接しており、それ自体が一つの「性器」として機能し、人を結びつけていることが改めて浮き彫りになります。

うんこから神々が生まれる神話というのは、うんこが肥やしとなって物を育むというリサイクルの論理だけでなく、こうした「性器」としての機能も加味されているのかも……と思えるのですが……。

実は神話には男色らしき男色は出てきません。

『日本書紀』で、神功皇后が継子の忍熊王《おしくまのみこ》を攻める際、昼も夜のように暗いという不吉な前兆があったのを、古老が、

「伝え聞くところでは、このような怪異は、〝阿豆那比《あづなひ》の罪〟というそうだ」（〝伝へ聞かく、是《かく》の如き怪《しるまし》は、阿豆那比の罪と謂ふといへり〟）

と言ったその罪が、男色の罪を指すという説があります。

しかしこれは『日本書紀』の説明によれば、一つの社の祭主が死んだ時、生前仲の良かった別の社の祭主があとを追ったのを合葬したためで、ポイントは『日本書紀』にも記されるように、

〝二社《ふたつのやしろ》の祝者《はふり》を、共に合葬《あはせはぶ》れるか〟

という点にあります。つまり異なる神社の祭主を合葬したのが問題なのであって、それを別々に埋葬したら昼夜の区別が戻ったわけです（神功皇后摂政元年二月条）。

男色の罪というより、別の社の祭主を合葬することを罪悪視したと解釈すべきではないで

しょうか。

　男色ということでいうと、女装したヤマトタケルが敵のクマソタケルをたらし込み、その〝尻〟を刺し貫いて殺したり、イヅモタケルと仲良くなって、裸になって水浴びしたあと、あらかじめ木刀にしてあった自分の剣と相手の剣を交換し、「刀を合わせてみよう」と誘って殺したりした（『古事記』中巻）のなどは、男色の香りが漂っています。

　けれど神話に男色の具体例はなく、その実態は謎としか言いようがないのです。


〈穴の痛み〉


　ちなみに日本の前近代では、男色が武家のたしなみとして許容されていたように言われていますが、実は必ずしもそうではなく、乃至政彦の『戦国武将と男色』によれば、とくに江戸時代以後、男色を肯定的に扱っているものは「意外なほど少なく」、江戸初期には毛利家や上杉家といった有力武家や幕府も男色を禁じる命令を出したことがあるといいます。

　男色の残酷さ、それが小児虐待であるという視点で難じる文芸も江戸時代になると登場します。

　『田夫《でんぶ》物語』（一六三七以後）は、女色支持者を〝田夫者〟（田舎者）、男色支持者を〝華奢者〟（洒落者）とし、男色女色の優劣論を物語仕立てにし、男色方の敗北で終わります。

　そこでは男色の相手をさせられる若衆の苦痛が語られていて、

〝口をゆがめて、痛き目をこらゆるありさま、あはれなる次第なり〟

〝はては痔といふわづらひをし出《い》だし、ゑじかり股《また》（がに股）になり、竹杖など突き、よろめき歩《あり》く〟

有馬や十津川といった名湯につかっても多くは治らず、一生の持病となって、〝念者《ねんじゃ》（年上の男色相手）をうらみ、のち後悔すれどもかひなし〟という末路が待っているというのです。

女色と男色の優劣を論じる趣向は、ヱレキテルで名高い平賀源内が風来山人のペンネームで書いた『根無草後編』（一七六九）にもありますが、源内が男色家であるためか、こちらは男色が優位になっています。

また源内によれば、痔をやまいだれに寺と書くのは、昔は坊主ばかりが男色を嗜んでいたからであろうとのことです（『根南志具佐』）。

〈男色とおならネタ〉

源内には、やはり風来山人の名で書いた『放屁論』（一七七四）『放屁論後編』（一七七七）というエッセイ的な作品もあって、とくに『後編』では、〝貧家銭内《ひんかぜにない》〟という平賀源内をもじった素浪人を登場させ、自分の発明したヱレキテルのアピールをしています。そこで源内の分身たる〝貧家銭内〟は、ヱレキテルの話を聞きに来た儒者に、当時実際にいたおなら芸の男の話をします。儒者が、

「自分は屁の講釈を聞きに来たわけではなく、ヱレキテルから火が出る理屈を聞きに来たの

に」（〝拙者屁の講釈を聞（き）には参らず。彼《かの》ゑれきてるより火の出る道理を聞（か）んとこそ望みしに〟）

と怒りだすと、銭内は、

「日々の食べ物が糞となって五穀の肥やしとなる。これは人間の体から土が出ているということではないか。また小便となり汗となるのは、体内から水を出しているのだ」（〝日々の食物糞と成（り）て五穀の肥《こやし》となる。これ人間の体より土の出（づ）るにあらずや。又小便となり汗と成（る）は、体中《たいちう》水を出すなり〟）

「糞となるのも汗となるのも、屁の出るのも火が出るのも、同じ体の小宇宙」（〝糞と成（る）も汗となるも、屁の出（づ）るも火の出（づ）るも、同じ体の小天地〟）

と反論。

ヱレキテルから火が出る仕組みも、体内からうんこやおしっこや屁が出る仕組みも、同じ天地の道理と主張しています。

男色が盛んとはいっても、いわゆる「両刀づかい」が大半だった当時、源内は、今のゲイに当たる男色家であったわけですが（↓拙著『本当はエロかった昔の日本』）、そんな源内が『放屁論』を書いたのは、肛門性交とおならが深い関係にあるからかもしれません。

古典文学の男色物にはおならネタが非常に多いものです。

戦国時代の笑い話を集めた『醒睡笑』（一六二三）巻之六「若道《にゃくどう》知らず」にはこんな話が

あります。治部卿（寺の官職）が稚児の手を取り、ことばを尽くして口説いたものの、稚児は落ちない。あげく、

〝われが尻は守護不入《しゅごふにふ》なり〟

と言う。守護の支配を受けず、租税を免除された社寺の領地に掛けたのです。治部卿は憎さのあまり、

〝それ程結構さうに、な宣《のたま》ひそ。守護不入のところから、再々夫《ぶ》の出たを、われがよく聞き参らせたぞ〟

と答えました。

〝夫〟とは課役の人夫のこと。守護不入というが、人夫が出入りしているじゃないか。偉そうに言うが、お前の尻から何度もぶーぶー屁が出たのを俺は聞いているんだ！　と言い返したのです。

大人げないものの、当意即妙と言うべきでしょう。

「仮名草子中他に類を見ないほどのベストセラーであったらしい」（日本古典文学大系『江戸笑話集』解説）という『きのふはけふの物語』（一六二四ころ？）にはこんな話も。ある〝若衆〟（男色相手となる少年）が〝念者〟（男色相手の年上のほう）と寝た時、うっかり〝けがをして〟（おならをして）、素知らぬふりで、

「さてさて馴染みの仲ほどありがたいものはない。今のような〝けが〟をしたら普通なら腹

を切っても済まないのに、馴染みだから何とも思わぬ」（〝さて〳〵、なれなじみの中ほどありがたき事はなひ。いまのやうなるけがをしては、腹を切りてもあかねども、なじみゆへになに共存ぜぬ〟）

と言った。〝けが〟はあやまちをしでかすことで、「怪我の功名」の「怪我」と同意。ここではもちろんおならをしでかすことを指します。

これに対して、念者が、

「さてさてありがたい。そんなふうに思うてくれるとは、いついつまでも忘れがたい」（〝さて〳〵かたじけない。さやうに思し召し候へば、生々世々忘れがたひ〟）

そう答え終わらぬうちに、若衆が地響きのするほどのでかい一発をした。念者は鼻をつまんで、

「重ね重ね身に余る光栄ですが、もうけっこう、もうけっこう」（〝かさね〴〵過分にはあれども、もはや御無用〳〵〟）

と言ったといいます（下18）。

おなら臭の前には百年の恋も醒めるというわけです。

〈おならをする罪〉

他愛ない笑い話ではあるものの、おならをして〝腹を切りてもあかねども〟（腹を切っても済まないのに）などという物騒なことばが出てくるのは大げさにも思えるのですが……小

松茂美（『能恵法師絵詞・福富草紙・百鬼夜行絵巻』解説）によれば、平安中期の藤原資房の日記『春記』長暦四（長久元年。一〇四〇）年六月十五日条には「驚くべき記事が残っている」。

以下、要約すると、関白藤原頼通邸で藤原義忠が氷を振る舞われた際、大きなおならをした。そのことについて頼通は、

「義忠の放屁の件はそなたも同席していたので聞いておろう。世間の大きな噂になっている。義忠を配流に処すべきではないか。そなたはどう思う」

と資房に意見を求めた。資房は、

「放屁で配流など聞いたことがない」

と反対した、といいます。

資房の判断は妥当と言えますが、高貴な人の前でおならをすることは時に流罪が検討されるほどの大事であったらしいのです。

このエピソードは『きのふはけふの物語』が書かれた時より六百年近くも前の出来事ですが、念者と寝ている時におならをした若衆が〝腹を切りてもあかねども〟と言った背景には、こうしたおならに関する恥の意識があったのです。

〈「屁いっぱつで村はぜんめつ」〉

おならが恥ずかしいことは江戸時代になっても同様で、おならをした姫君の身代わりとなる「屁負比丘尼《へおいびくに》」という存在が知られています。といっても専業でその仕事をしているわけ

ではなく、腰元が適当に分担していたらしいのですが（下山山下『江戸は川柳　京は軽口』）……。

昔話にもこんな話があります。「屁いっぱつで村はぜんめつ」は、庄屋に嫁いだ嫁が、屁を我慢したあげく、地震のような一発をした恥ずかしさに身投げして、悲しんだ婿も自殺、父である庄屋と妻も、さらに庄屋を亡くして悲観した村人たちも次々死んでしまうという笑えぬ悲劇です（西本鶏介『読みきかせお話集　日本の昔話』1）。一方、「屁ひり嫁」は、やはり婚家で屁を我慢した嫁が、ゆるされて一発かましたものの、姑を吹き飛ばして里に帰され、途中、屁のおかげで反物を入手して、婚家に連れ戻されるというハッピーエンドになっています。ちなみにこの話は、嫁がいつでも屁をひれるよう「屁屋《へや》」を建てて住まわせたのが、「部屋」（納戸）の起こりという落ちの笑い話です（稲田浩二・稲田和子『日本昔話ハンドブック』）。

いずれも「おならは恥ずかしい」、時に「死に値する」という意識があればこそ、できた話でしょう。

〈おならの臭気〉

男色の話に戻ると、男色物に出てくるおならは臭気とセットになっているようで、同じ『きのふはけふの物語』にはこんな話があります。

ある若衆がやはりうっかり〝ずい〟とやった。その〝にほひ〟の消しようがないので、

「そういえば山王祭はもう見た？」（〝さて、山王祭を御覧じ候か〟）

と若衆は唐突に相手に切り出します。

「いや、まだ見てない」（〝いや、まだ見申さぬ〟）

「なら、リズムを取って聴かせてあげるよ」（〝さらば拍子をふんできかせ申さう〟）

と、山王祭の歌をうたいながら拍子を取ることで、おならの空気を分散させました。念者曰く、

「凄く面白いね。評判よりも良いリズムだ。だけど山王祭の真似でさえこんなに臭いなら、本物はそばにも寄れないだろうね」（〝さてもおもしろき事かな、聞及《ききおよび》たるよりよき拍子ぢや。さりながら、まねさへ是ほど臭いに、正真《しやうじん》は中〳〵あたりへ寄られまひ〟）（下19）。

　臭気は消せていなかったのです。それと知りつつ、こんな冗談を言ったとしたら、この念者の愛はかなり深い。若衆のほうも智恵をひねっているわけですが。


〈おなら芸とうんこ〉


　おならが臭いのはおならの中にうんこ成分が入っているからで、ヘタをすると、おならはうんこに変わり得るという話が、室町時代の御伽草子絵巻『福富草紙』（十五世紀）ではないでしょうか。

　これは「隣の爺」型と言われる昔話の話型に、源内の『放屁論後編』に出てきたようなおなら芸がミックスしたもので、高向秀武《たかむこのひでたけ》という貧しい老人が夢のお告げに従い、放屁の術

を会得、それが評判になって中将邸でおならをしながら舞い踊り、山のような褒美をもらい老夫婦は金持ちになる。それを羨んだのが隣に住む六十過ぎの福富です。福富の妻は夫に、

「隣のダンナに弟子入りし、おなら芸を授けてもらえ」

と勧めます。ところが秀武は、教えを乞いに来た福富をだまし、

「朝顔の種十粒のむのが秘決です」

と嘘をつく。朝顔の種は有名な下剤。一粒でさえ腹が溶けるようなものを、十粒ものんではろくなことはないのに、そうとも知らぬ福富は、

「自分はあの秀武の師匠である」

と称し、中将邸に乗り込んで、秀武に教えられた通り種をのみ呪文を唱えたところ……出たのはおならではなく、〝糞〟だった。

福富は〝いみじう汚なし〟と罵られたあげく、ぼこぼこにされて、血だらけで帰宅。それを遠目に見た老妻は褒美の衣裳を背負ってきたと勘違いして、家にある汚れた着物を焼いてしまったので、帰り着いた福富は着るものもない。すべてを知った妻は秀武を呪詛し、路上で会った秀武の二の腕をとらえ、がぶっと噛みついて仕返ししたのでした。

隣家のダンナに嘘を教える秀武も秀武なら、秀武の師匠と偽る福富も福富です。

もともと貧乏だったのが、さらなるどん底に沈む隣の爺がよりによって〝福富〟という名であるのも皮肉な話です。

この『福富草紙』の詞書は後崇光院（伏見宮貞成親王。一三七二〜一四五六）の真筆であるといいます（小松茂美『能恵法師絵詞・福富草紙・百鬼夜行絵巻』解説）。

後崇光院という高貴な人がなぜこんなおなら男の絵巻という、いわば低俗な物語のために筆をふるったのか。一流の絵師に発注して絵巻を作らせたのか。

小松氏によれば、老後（四十八歳の時）に生まれた鍾愛の後花園天皇（一四一九〜一四七〇）に「進覧のための料であったことは疑うべくもない」（小松氏前掲書）といい、今も昔も子供はうんこやおならが好きだもんなぁ、そんな我が子の笑顔が見たくて院は張り切ったのだろう、暴力と臭気にあふれたこんな絵巻を息子のために作るとは、当時の皇室、やるじゃん、と思う次第です。

9　家康は戦場で糞を漏らしたのか　戦争とうんこ

「タケハニヤスノ王《みこ》の軍勢は総崩れとなって逃げ散った。そこでその逃げる軍勢を追いつめて、久須婆（大阪府枚方市楠葉）の渡し場に着いた時、皆、攻め苦しめられて屎が出て、褌にかかった。そこでその地を名づけて屎褌といった」

〝其の軍《いくさ》、悉く破れて逃げ散りき。爾《しか》くして、其の逃ぐる軍を追ひ迫《せ》めて、久須婆《くすば》の度《わたり》に到りし時に、皆迫め窘《たしな》められて、屎出《い》で、褌に懸《かか》りき。故《かれ》、其地《そこ》を号《なづ》けて屎褌《くそばかま》と謂《い》ひき〟

『古事記』中巻

〈戦場で漏らす〉

徳川家康が三方ケ原の戦いで脱糞したというのは有名なエピソードですが、実はそれは『三河後風土記』（一六一〇序、一六二四〜一六四三ころ成立？）による創作で、同時代の史料にはなく、事実ではないという説もあります。同書を当たると、三方ケ原の戦いの二カ月前、やはり武田信玄軍と戦った一言坂の戦いに敗れた時のこと。家康が浜松城に入るため馬から降りた際、大久保治右衛門（大久保忠佐）が大声で、馬の口を取っていた者に、

〝其御馬ノ鞍壺ヲ能ク見ヨ。糞カ在へキソ。糞ヲ垂テ逃玉ヒタル程ニ〟

と〝悪口〟を言った。

「そのお馬の鞍をよく見ろ。糞があるはずだ。糞を垂れてお逃げになったから」

と罵ったのです。

家康が本多忠勝の諫めを聞いて退却したのをふがいなく思い、また本多忠勝への嫉妬心も手伝ってこのような悪口につながったのですが、家康は何も仰せにならず、夜になって御家人たちに、「大久保のことばは一理あるように見えるが、大将たるもの、死生をよく知って進退するのを良将というのだ」と、源頼朝の例を引いて述べた。それを聞いた大久保は、〝我大ニ誤レリ〟と後悔したといいます（巻第十三「遠州一言坂軍之事」）。

この記事は、徳川幕府付きの儒者が改編した『改正三河後風土記』（一八三三）の該当箇所では削除され、おしまいのほうに、

〝又原書に大久保忠佐神君浜松へ御帰城の時、其御馬の鞍壺《くらつぼ》に糞があるべきぞ、糞をたれ逃給ひたりと罵りたるよしをしるす。此日御出馬なければ逃給ふ事あるべきにあらず。是等皆妄説なる故に削り去りぬ〟

とあって、家康の出馬はなかったのだから、〝原書〟（『三河後風土記』）の糞の話はでためだ、ゆえに削除した、という断り書きがあります。

わざわざ「糞の話は削除した」という断り書きがあるところからすると、この糞の話はよほど有名だったのではないでしょうか。

『改正三河後風土記』は「徳川氏の不利となる異説は、すべて虚妄の説と称して、却けてい

る」（桑田忠親『改正三河後風土記』上　解題）といいますから、家康の脱糞話が創作かどうかは分かりませんし、もしも創作であったとしても、それが事実であると信じられてきたのは、戦場での脱糞があり得ることとして納得のいくものだったからでしょう。

古くは『古事記』に、崇神天皇軍に追いつめられたタケハニヤスノ王の軍勢が〝屎〟を漏らしたという話があります。冒頭に挙げた一節がそれで、その糞が褌《はかま》に付いたため、その地が〝屎褌《くそばかま》〟と呼ばれるようになりました（→語源説話については2）。

極度の緊張状態では自律神経が狂って便秘や下痢になるものです。果ては失禁したり反吐が出たりといった生理現象がもたらされる。

〝黄水《わうずい》〟（胃液）をつくというのもその一つで、一一八二年四月、後白河法皇が山門（延暦寺）の僧に命じて平家を追討するという噂が立つと、平家は三千騎以上を揃えて比叡山へ向かいました。それを知った比叡山側や宮中では大騒ぎとなって、院を守衛する北面の武士の中には、

〝黄水つく者おほかりけり〟（胃液を吐く者が多かった）

という事態となりました（『平家物語』巻第六）。

ヘドや糞尿を出すというのは日本神話での断末魔のイザナミの状態でもあります。

死の危機と隣り合わせの戦場では、こうした断末魔の状況に近い排泄が行われ、うんことも縁が深かったのです。

〈武器としてのうんこ〉

平安文学ではいじめや嫌がらせの道具としてうんこが使われていましたが（→5）、戦場でもうんこは武器として使われていました。

古典や歴史書にその例を探すのは困難でしたが、藤田昌雄の『陸軍と厠』を読んでいたら、日露戦争での旅順攻囲戦では、

「彼我の手榴弾戦に端を発して、『石合戦』の延長として排泄物を投げ合う『汚物投擲』が発生している」

とありました。

二十世紀に至っても糞便を投げ合う戦いがあったのです。

まして前近代に、迫り来る敵に糞尿を浴びせるといった戦法があっても不思議ではありません。

もっとも旅順で汚物を投げ合うことができたのは、糞尿が凍り付いて扱いやすい寒冷地だったからとも考えられます。

戦時、寒冷地の便所は外に作られた高床式もしくは、半地下に埋没して設置された土窟式でした。そのため糞尿は凍り付いて地面から柱が生えたような形態になる。しゃがんだ時、その先端が尻に付かぬよう、備え付けの鉄棒（手が凍り付かぬよう布を巻いてある）で以て粉砕してから用を足した。この時、凍結した糞尿が服に飛散すると、用便後、暖房された部

屋に戻った際、糞尿が解凍されて「惨事が惹起」したといいます。

第二次世界大戦時には「決戦便所」と通称される便所も出現。糞尿を肥料に使わず、便器も陶器でなく、床面コンクリートに穴をあけただけのものとなり、設備が不良な便所は、決戦便所ならぬ「欠陥便所」「大東亜欠陥便所」と呼ばれもした（前掲書）。

同書には戦時下の不潔で不便なトイレが多数紹介されており、改めてうんこの汚さと破壊力を思い知らされます。

水洗便所が普及していなかった昔はこうした臭さが日常的に周囲にあったわけで、戦時下ではさらに不潔さや馴れぬ戦地でのストレスが加わり、下痢がちになるなど不快指数は高まっていきます。

『陸軍と厠』を読むと、「うんこはメルヘンじゃない」という当たり前の現実を突きつけられます。

〈うんこを制限されるつらさ〉

出物腫れ物所嫌わずといいますが、戦場ではうんこをしたいと思っても、できない状況も多かったでしょう。

便意をこらえることは苦痛以外のなにものでもありません。

二〇〇二年、男が北九州で七人家族を監禁し、家族同士の殺し合いを命じ、男の内縁の妻一人を残して全滅させた事件が発覚しましたが、犯人の松永太は被害者の排泄を制限していました（豊田正義『消された一家—北九州・連続監禁殺人事件』）。これを模倣したとも言われる（小野一光『新版　家族喰い—尼崎連続変死事件の真相』）、二〇一二年発覚の角田美代子による監禁殺人（尼崎事件）も、排泄の制限がなされていました。

排泄を制限されるのは拷問です。

しかしそんな拷問めいた行為が笑い話になっているのが、鎌倉時代の『宇治拾遺物語』巻第五の話です。

ある人のもとに新参の若い女房がいましたが、人に紙をもらい、その家にいた若い僧に「仮名暦を作ってください」と依頼しました。僧は「お安いご用です」と書いていって、はじめのうちはきちんと、神事仏事によし、坎日《かんにち》（陰陽道で万事に凶とする日）、凶会日《くえにち》（外出・行動を慎むべき日）などと書いていたのですが、だんだん終わりのほうになると、

「何も食べない日」（〝物食はぬ日〟）

「これこれのことがあればよく食べる日」（〝これぞあればよく食ふ日〟）

などと書いていました。

女房は「変な暦だなぁ」と感じたものの、まさかそこまででたらめな暦とは思わず、「何か理由があるのだろう」とそのまま従っていました。そのうち、

「うんこをしてはいけない」（〝はこすべからず〟）

と書いてあるので、「なぜ？」と疑問に感じたものの、「何か理由があるのだろう」と我慢していたところ、

「うんこをしてはいけない」（〝はこすべからず〟）

「うんこをしてはいけない」（〝はこすべからず〟）

と、長く続く凶会日のように立て続けにあります。

それで二、三日は我慢していたものの、とうとうこらえきれなくなって左右の手で尻をかかえて、

「どうしようどうしよう」（〝いかにせん、いかにせん〟）

と、〝よぢりすぢり〟するうちに気が遠くなってしまったといいます。


なぜ、この僧はこんないい加減な暦を作ったのでしょう。

はじめのうちは真面目に作成していたのがおしまいのほうは適当になったというのは、「面倒になった」のでしょう。多くの訳もそう解釈しています。

若い女をからかう意図もあったのかもしれません。

いずれにしても、陰陽道による占いなんてこんなものだ……という風刺が込められているのでしょう。

迷信じみた教えを真に受けるのもほどほどにしたほうがいい、という忠告が、ここにはあります。

第四章　近世のうんこ　経済や心との関係

10　カネになるうんこ　江戸のリサイクル事情、女の立ち小便

「まずこの糞は、時代はおよそ六、七百年前、しかも勇ある大将の糞、しかし旅に苦しんだ相がございますので、おおかた源義経の糞でござろうかと存じます」

〝先此《まづこの》くそは、時代凡《およそ》六七百年、しかも勇ある大将の糞、しかし旅にくるしんだ相がござれば、大かた源の義経の糞でござらうやと存じます〟

『鹿の子餅』

〈うんこマニア〉

十八世紀も後半になって文芸が庶民に降りてくると、うんこから「神」的な要素が抜けて、下世話な人間の臭気がより強まってきます。

冒頭に挙げたのは、笑い話の『鹿の子餅』（一七七二）の一節です。

『鹿の子餅』には、金玉や屁の話など、下ネタが少なくないのですが、最終話はその名も「糞」という小話。

曰く、

〝古人の糞を集める奴あり〟

古人のうんこを集めるマニアがいた。そこに〝執心の客〟（熱心な客。熱心な同好の士）が来訪、コレクションを見せてくれ、と言う。亭主は喜んで〝香箱〟のようなものを数え切れぬほど取り出します。それを客は、一つ一つ見ては、

「さてさて驚き入りました。珍しい糞どもでございます。拙者も長年のマニアで、目利きも致します。ちょっと当ててみましょうか」

と言う。

「それは頼もしい。ぜひぜひ」ということになって、客の鑑定が始まります。で、最初の鑑定が冒頭に挙げた、「源義経の糞でござろうかと存じます」というもの。うんこひとつで、年代から勇ある大将、旅で苦しんだことまで分かるというのが凄い。見事言い当てた客人に、

「なるほど義経の糞。お目利き、いやはや、神の如くでございます」

と亭主。ここいらへんは本当に義経の糞なのか、そもそも義経の糞が江戸時代に残っているのか、怪しさ満点で、そこを含めての笑い話です。

物語は構わず進みます。

「さてこの糞は、侍かと思えば、坊主くさいところも見え、これもつわものの糞。時代も義

経と同時代と見えますから、これはもしや武蔵坊弁慶の糞ではございりませぬか」

「弁慶でございます。見事なご鑑定、感服いたしました。さぁさぁついでにその次も聞かせてください」

「ははぁこれは難しい。ちと分かりかねます」

「これはこちらでも色々調査したのですが、分からないのです」

「いや分からぬということはないはず。これも弁慶と同じで坊主と武士との〝ひりまぜ〟に見えますが、ずいぶん品格があって、うずたこうございます。少し削ってみてもよろしうございますか」

「全然オッケーです。削ってください」

と削り、

「では」

「これで分かりましたよ。最明寺入道（北条時頼）の糞でございます」

「してまた、なんで分かりました？」

「はぁ、削ったところに、ちらちら粟が見えます」

話はここで終わります。北条時頼は鎌倉幕府の執権で、のちに出家すると諸国を遍歴して民情を視察しました。このうんこ話は、その際、粟飯を供せられたという謡曲「鉢の木」以来の名高いエピソードに由来します。義経、弁慶、時頼という、江戸時代、最もポピュラーだった有名人のエピソードに重ねて糞を鑑定するという、マニアックな小話です。
うんこも人の身分や性格によって差があるという意識が芽生えているのが興味深いではありませんか。

〈うんこ尽くしの序文〉

もののたとえをすべてうんこ絡みにした文章も江戸後期には出現します。

売れっ子町人作家にして浮世絵師の山東京伝は、商人の父のもと京橋に育ち、「吉原は彼の別宅のようであったという」（新日本古典文学大系『米饅頭始・仕懸文庫・昔話稲妻表紙』解説）ほどの通人でした。

そんな彼の二十七歳の時の作『通言総籬《つうげんそうまがき》』（一七八七）は遊里の最新情報と遊び方を伝える洒落本です。

その自序がうんこ尽くしなのです。原文を全文紹介すると……。

〝我嘗《われかつて》いへること有《あり》、青楼《せいろう》は我為《わがため》の雪隠なりと。夫如何《それいかん》なれば、持《もっ》たが病《やまひ》の腹痛に悩金屎《なやみかねぐそ》をひらんが為、尻をぼつ立て、此廓《このさと》に通ふこと繁故也《しげきがゆへなり》。若貧客我屎《もしひんかくわがくそ》を喰《くらは》ば、驀《たちまち》黄金《こがね》の蟯蜋《うじ》とならん。一チ日例の長屎《ながぐそ》に退屈の余り、此妄作書《このむだがき》をなしてかた屎の堅《かたき》をして、びり屎のずるきに和らげ、世に其屎の撒様《ひりやう》を伝ふ。通客《つうかく》といふとも我胯《わがまたぐら》を覗《のぞか》ずして、何ぞ尻《けつ》の穴の広《ひろき》ことをしらん。吁《あゝ》屎が惘《あきれる》にあらずや〟

まさに、うんこ尽くし。こういう文章に出逢うと、古典おたくで良かった、こつこつ古典

を読んでて良かったなぁとつくづく思います。意味は、

「俺は前にこう言ったことがある。遊郭は俺にとって便所と同じだと。それはどういうことかというと、なまじ持ったがために苦労する金、この金の糞をひるために、金持ち＝糞持ちゆえの腹痛に苦しみながら尻をおっ立て、しじゅう遊里に通っていたからだ。もしも貧乏客が俺の糞を食らえば、たちまち黄金のウジ虫となるだろう。日がな一日、いつものように遊郭で長糞をして、退屈のあまりこんな無駄書きをして、堅物の堅糞を、融通のきくビリ糞にやわらげ、世間に糞のひりようを……つまりは遊里での金の使い方を伝授する。どんな通人の客といえども、俺の股ぐらを覗かずして、なんで尻の穴の広さ……遊郭の奥深さを知ることができよう。ああ糞が呆れる……めったくそ呆れるというものだよな」

といったところでしょうか。

遊郭を便所にたとえるのはセックスを排泄行為ととらえているようで、いささか不快な感じもありますが、山東京伝の狙いはそこにはありません。

金を糞にたとえ、遊郭で金を遣うという行為を脱糞に見立て、堅物のためにこの世界の奥深さを伝授しようというのです。

にしても、なにも糞にたとえずとも良さそうなものです。

なぜ山東京伝はよりによって金を糞でたとえたのか。

と、考えるに、当時、糞が金になったからではないか、ということに思いが至るのです。

〈うんこの値段〉

江戸時代の長屋の大家は、借家人の排泄する大小便を肥取りに売ることで、結構な金を得ていたと、昔、歴史の授業で習ったことがあります。

調べてみると、江戸時代はうんこの価値が上がった時でした。

「文献の上から人糞肥料の利用が考えられるのは鎌倉時代以降だというのが、今の文献史学者の常識」（松井章「トイレ考古学の世界」『トイレの考古学』所収）といいますが、とくに江戸中期以降、

「近郊農家からは肥料として使用するため屎尿の需要が高まり、農民による組織的な汲取とあわせて、町内の盛り場に有料公衆便所の前身にあたる『貸雪隠《かしせっちん》』が設けられたほか、農民が町内各所に樽や桶を置いて小用専用の『小便所《しょうべんじょ》』を設置して尿の回収を行なっていた」（藤田昌雄『陸軍と厠』）。

藤田氏によれば、農家は武家屋敷や町方と契約し、屎尿回収の対価として「金銭ないし現物交換」をした。

「十八世紀中期での平均は金銭では年間百名に対して金二両」

当時の一両の価値は時期によって違いますが、江戸中期から後期は四〜六万円なので（日本銀行金融研究所「貨幣博物館」サイト　https://www.imes.boj.or.jp/cm/history/historyfaq/answer.html#a05）、二両だと八〜十二万円と、バカになりません。

要するにうんこは金になったのです。

山東京伝が、金をうんこでたとえたのにはこうした背景が意識にあってのことではないでしょうか。

うんこの価値は土地によって違ったようで、十返舎一九の『東海道中膝栗毛』（一八〇二〜一八〇九）八編下には、摂津（大阪）にやって来た弥次さん喜多さんが、天王寺への道を〝こへとりのおやぢ〟に尋ねるシーンがあります。肥取りは自分も天王寺へ行くので、一緒に行こうと連れ立ちながら、二人が江戸から来たと知ると、

「お江戸は肥が一荷なんぼするんだね」（〝おゐどは、屎《こへ》が一荷《か》何ぼ程するぞいな〟）

と聞いてくる。

「わっちら、そんなことは知りやせん」（〝わつちらァそんなことはしりやせん〟）

「いまいましいおやじだ。おいらに糞の値段を聞いたって何が分かるもんか。気がきかねえ」（〝いめへましいおやぢめだ。おいらに糞《こへ》のねだんをきいたとて、何わかるものだ。気のきかねへ〟）

などと、弥次さんが小便をしながら陰口をたたくと、

「今見たら、あんた方、あそこで小便をしてはったが、お江戸じゃ、あないに皆そこらにやりっぱなしやそうやな。もったいないことやの」（〝今見ればおまいがた、あこでしよんべんしてじやあつたが、おゐどじや、あないにみな、こきばなしにしてじやそふな。もつたいないこといの〟）

と、肥取り。

ここからすると、江戸より上方のほうがうんこの値段は高く、しかも上方ではうんこのみならず、小便もきっちり汲み取りの対象となり、金にしていたことが分かります。

貨幣は奈良時代からあったとはいえ、本格的に流通し、貨幣経済社会となるのは江戸時代を待たねばなりません。

そんな江戸時代、うんこは文字通り金に替えることができた。

加えて、山東京伝が『通言総籬』を書いた一七八七（天明七）年はうんこの値段がまさに高騰しつつある時に重なります。葛飾区郷土と天文の博物館平成16年度特別展「肥やしのチカラ」の展示図録によると、農村人口の拡大などで江戸近郊農村における肥料不足が顕在化し、寛政年間（一七八九〜一八〇一）になると江戸の下肥の値段は延享・寛延年間（一七四四〜一七五一）の実に三倍になったというから驚きです。

山東京伝が金を糞でたとえたのは、こうした歴史的背景があってのことだと思うのです。

11　「糞食らえ」のルーツ　悪口で、挨拶で、まじない

「と、向こうから来る馬方『へぇちくしょうめ、早いな』、こちらの馬方『糞を食らえ』、先の馬方『おめぇは尻でもしゃぶれ』、と、これがこうした連中がすれ違う時の挨拶で、互いに悪態をついて、社交辞令を言って別れる」

〝トむかふよりくる馬かた「へヱちくしやうめはやいな」こちらの馬かた「くそをくらへ」さきの馬かた「うぬけつでもしやぶれ」トこれがこのてやいの行ちがひのあいさつ、たがひにあくたいをいつて、ぎりをのべわかれる〟

『東海道中膝栗毛』初編

〈『東海道中膝栗毛』にあふれかえるうんこ〉

江戸時代、文芸が庶民のものになり、かつ肥料としてのうんこの価値が高まると、文学にうんこが盛んに登場するようになります。

とくに、

「読者は、上は大名から下は、文字さえ読めれば、都鄙《とひ》の庶民にまで」（日本古典文学全集『東海道中膝栗毛』解説）

という江戸時代きっての大ベストセラー『東海道中膝栗毛』には、金玉、小便と共に、排泄物としての糞はもちろん、「糞食らえ」といった用法でのうんこが異常に頻繁に登場する。

10で紹介した人糞を担ぐ肥取りとのやり取りをはじめ、

「犬の糞も、自分の家の前だけ掃除するとは、長屋の者はなんだと思っているのやら」（〝犬の糞も、てん〴〵の内の前ばかり浚って長家のものは、なんだとおもつてゐるやら〟）（発端）

「馬の糞とも知らずに、あいつの口へ押し込んだら」（〝馬の糞たアしらずに、あいつがくちへおしこんだら〟）（初編）

「牛の糞を踏んづけたら」（〝牛のくそをふんづけたら〟）（六編下）

など随所に動物のうんこが出てきます。

のみならず、多いのが〝くそをくらへ〟という罵り語です。

と、今、罵り語と書きましたが、このことばが出てくるのは、必ずしも罵る時だけではありません。それがこの節の最初に紹介した会話です。

〝くそをくらへ〟

と、ひとりの馬方が言うと、

〝うぬけつでもしやぶれ〟

ともう一人の馬方。

『東海道中膝栗毛』によると、互いに悪態をつくのがこうした手合いの挨拶で、それが〝ぎり〟（お義理のことば）、つまりは社交辞令だというのです。

うんこが社交辞令とは、粗野で下品な馬方の生態を活写しています。

しかし「糞食らえ」とは通常は罵り語には違いなく、別の箇所では、旅人と弥次さんが、

〝くそをくらへ〟

〝なんだくそをくへ〟（四編下）

と、罵り合いの喧嘩をしています。

馬方は、一般人の罵り語で挨拶をしているという生態が、当時の人にも興味深いからこそ

〝このてやいの行ちがひのあいさつ〟という説明が入ったのでしょう。

〈悪口としての糞のルーツ〉

それにしても、「糞食らえ」というふうに、うんこが悪口として使われるようになったのは、いったいいつごろなのでしょう。

少なくとも平安時代の古典文学では、『落窪物語』のように糞が出てくる物語でも、罵り語として糞が使われるということはありませんでした。それどころか古代には、糞は名前に付けられているくらいでした（↓1）。

それが江戸時代も後半に入ると、先の『通言総籬』の自序の如く「めったくそ呆れる」（〝屎《くそ》が惘《あきれる》〟）といった強調語としての糞や、『東海道中膝栗毛』に多用される〝くそをくらへ〟といった悪口としての糞が目立ってくる。

興味深いのは、「くそを食らえ」を『日本国語大辞典』で引くと、罵り語のほか、「くしゃみをしたときに、風邪をひかないように言うまじないの言葉」という意味が出てくることで

す。同辞典の紹介する『譬喩尽』（一七八六序）四には、〝くさめ〟はくしゃみのことともいい、人をそしることばともいう、とあり、〝糞喰へ〟はその俗語であるといいます。

確かに『東海道中膝栗毛』にも、和尚の念仏に続いて、弥次さんらも念仏を唱える場面があるのですが……和尚の鼻がむずむずして、

〝ハァくつしやみ〟

とくしゃみをしたあと、皆もそれを真似をして、

〝ハァくつしやみ〟

和尚が小声で、

〝くそをくらへ〟

と言うと、それも皆で真似をして、

〝くそをくらへ〟

と唱和するというお笑い劇が展開しています（五編上）。

和尚がくしゃみのあとにつぶやいた〝くそをくらへ〟は、くしゃみをした時のおまじないであることが分かります。

〈くしゃみをすると死ぬ？〉

そもそも、くしゃみという語の原形は〝くさめ〟であり、その語源も〝くそはめ〟（糞食め）といわれます（別の語源説もある）。くしゃみということば自体〝くそをくらえ〟の意

であって、元来はくしゃみが出た時のまじないだったわけです。

『徒然草』（一三三〇〜一三三一ころ）にも、まじないとしての〝くさめ〟が出てきます。

ある人が清水寺へ参詣した時、老いた尼と道連れになった。その尼が道すがら、ずっと、

〝くさめくさめ〟

と言い続けている。

「何をそんなにおっしゃっているのか」（〝何事をかくはのたまふぞ〟）

と聞いたものの尼は答えず、なおも言い続けるので、しつこく聞くと、尼は腹を立て、

「ええぃもう、〝鼻ひたる時〟（くしゃみをした時）、こうしておまじないをしないと死んでしまうものだというから、私の養い君が比叡山で稚児をしてらして、たった今もくしゃみをしてらっしゃるのではと心配なので、こうして申しているんですよ」（〝やや、鼻ひたる時、かくまじなはねば死ぬるなりと申せば、養ひ君の、比叡山《ひえのやま》に児《ちご》にておはしますが、ただ今もや鼻ひ給はんと思へば、かく申すぞかし〟）

と言った（四十七段）。

江戸時代から遡ること数百年、鎌倉末期の時点で、くしゃみをした時、〝くさめ〟と唱えないと魂が抜けて死ぬと考えられていたことが分かります。しかもその俗信は平安中期に遡ることができる。清少納言の『枕草子』（一〇〇〇ころ）の「にくきもの」段には、

「くしゃみをして呪文を唱える」（〝鼻ひて誦文《ずもん》する〟）

とあります。くしゃみをして呪文を唱えることは清少納言の目から見ると〝憎し〟、イラ

ッとするものだったようです。さらに、
「だいたい一家の男主人以外の者が大きなくしゃみをするのはひどく腹立たしい」（〝おほかた、人の家の男主《をとこしゅう》ならでは高く鼻ひたる、いとにくし〟）

ともあって、今でも「はーくしょい‼」などと、わざとか？　というくらい大きなくしゃみをされると、飛沫は飛ぶし、嫌なものですが、清少納言は、一家の大黒柱ならそういうくしゃみをしても許せるが、そうでない場合は遠慮がちにすべきだと考えていたらしいことがうかがえます。

くしゃみをして呪文を唱えるのが腹立たしいというのは、呪文を唱えさえすれば、大きなくしゃみをしても許されるという態度がイラつくということでしょうか。それとも呪文を唱えるという行為が清少納言の美意識に合わない、辛気くさいということなのでしょうか。よく分かりません。

いずれにしても、このまじないのことばが、やがてくしゃみそのものの動作を指すことばとなったわけです。

そうしたことばの成り立ちの歴史が次第に忘れられ、江戸後期の『東海道中膝栗毛』になると、もともと呪文だったくしゃみ（くさめ）という語がくしゃみ（くさめ）そのものの動作を指す一方で、語源の〝糞食め〟（くそをくらえ）を、くしゃみをした時の呪文として使うという、先祖返りのような現象が起きていたんですね。

となると、同書で馬方が挨拶に〝くそをくらえ〟と言うのは、魔除けのことばで互いの幸運を祈っていると考えることもできるでしょう。

その根底にあるのは、うんこは魔物も退散させる破壊力、パワーがあるという信仰です（↓3）。

近世になると、うんこの「神」的要素が抜けてきた……とこの章の冒頭に書きましたが（↓10）、どっこい、うんこの奇しき力は江戸後期に至っても残っていたのです。

〈万葉時代には吉兆だったくしゃみ〉

ちなみに、くしゃみにまつわる俗信は万葉時代からありました。

『万葉集』にはこんな歌があります。

「眉を掻いたり、くしゃみをしたり、下着の紐が解けたりしながら、待っているかな。早く逢いたいと思う私を」（〝眉根搔き　鼻ひ紐解け　待つらむか　いつかも見むと　思へる我を〟）（巻第十一・２４０８）

『万葉集』の時代、眉がかゆくなったり、くしゃみが出たり、下着の紐が自然に解けたりするのは、すべて恋人に逢える前兆と考えられていました。

くしゃみは不吉なものではなく、待ち人が来る吉兆だったのです。

それが平安中期には、呪文を唱える必要のある、不吉なことの前兆とされるようになった。

なぜそんな変化があったのかは分かりませんが、くしゃみから風邪がうつることなどが経験的に知られるようになったり、あるいはくしゃみの飛沫に対する穢れ意識が高まったりして、嫌われるようになったのでしょうか。

『万葉集』の歌がうたわれた奈良時代には、恋人の来る前兆として歓迎されていたくしゃみが、平安中期以降にはまじないを必要とするものとして嫌われるようになって、江戸後期の『東海道中膝栗毛』に至ったわけです。

〈香具師の口上とうんこ〉

くそが多用されるということで言うと、映画「男はつらいよ」の寅さんのことばには「うんこ」や「くそ」がよく出てきます。

「いつまでも茶づけ食っているんじゃないよ、口の中で、うんこになりますよ」（第三十四作　一九八四年公開）

「けっこう毛だらけ　ネコ灰だらけ　お尻のまわりはくそだらけ」（第三作　一九七〇年公開など）

寅さんはいわゆる啖呵売で商品を買わせる「テキ屋」（香具師《やし》）です。長年の経験で「うんこ」を出せばお客さんが喜ぶ、誰も傷つけずに人を笑わせ喜ばせることばとしては「うんこ」が一番であることを、彼らは知っているのです。

自身、香具師であった室町京之介（一九〇六〜一九八九）の『香具師口上集』にもこんな口上が収められています。

「ご婦人はなるべくならオチョボ口、小さい口。一つの米粒でも、金槌で叩かなければ入らんような方が、貞淑、従順、家庭的な人。では、口のでっかいような女の方はどうであるかというたなら、まっかり間違うと、ご主人なんぞはクソ喰え嬶ァ関白大明神の位についてしまうから、亭主はチョイチョイ座布団と間違われて尻の下に敷いてしまわれるかも知れませんが、なかなか、女ながらもしっかりした者がおる。ですから、余り働きのない、俗にいう髪結い亭主にでもなろうというお方でございましたら、口のでかいカアチャン貰いなさいよ」

ここには「糞食らえ」が出てきます。

またこんなのもあります。

「そりゃア私だってね、こんな、鳥が余計クソをたれたらクソで埋まっちゃうようなチッポケな国だもの、頼まれりゃァ越後から米搗きに来るってくらいのもんだもの、そりゃア総理大臣引受けてもいいけど、今はこの品物売らなきゃ生活ができないから」

目の前の品を買ってくれというわけです。

こうした下ネタで気を引くことは香具師の手法だったのか、「男はつらいよ」の口上には小便も多いのです。

「四谷赤坂麹町、チャラチャラ流れるお茶の水、粋な姉ちゃん立ち小便」

「たいしたもんだよ蛙の小便、見上げたもんだよ屋根屋のふんどし」（第三作など）

といったぐあいです。

「粋な姉ちゃん立ち小便」とは、なんぞや？　と思われた方もいるでしょう。これが実は、江戸の文芸にも記載のある伝統的な関西スタイル、否、関西だけではなく、つい昭和三十年代にも地方によっては見られることだったのです。

〈女の立ち小便〉

女の立ち小便は江戸後期の『東海道中膝栗毛』や『嬉遊笑覧』（一八三〇）にも出てきます。喜多さんが伊勢の髪結いでひげを剃った時、伊勢方面（関西方面）の髪型をけなすと、髪結いが、

「その代わり、おなごはえらい綺麗でおましょがな」（〝そのかはりおなごは、とつとゑらいきれいでおましよがな〟）

と言った。それに対して喜多さんは、

「綺麗はいいが、立って小便するのはドン引きだ」（〝きれいはいゝが、たつて小便するにはあやまる〟）（五編追加）

と。

江戸者の喜多さんにとって、女の立ち小便は受け入れがたいものだったのです。が、『嬉遊笑覧』には、

「京都の婦人も昔は立ちながら小便することはなかったのである。後世、田舎風が移って、今のようになったのだ。女がうずくまって小便をするのは、今は江戸だけではないか。その

ほかの地域はたいてい立ちながらするという」（〃京師の婦人も、昔は立ながら小便する事はなかりし也。後世田舎風《ブリ》移りて、今のやうにはなれるなり。蹲りてする事、今にては江戸のみにや。其外は大かた立ながらするとなり〃）（巻之一上）

とあって、江戸後期、女の立ち小便のほうがメジャーで、うずくまってするのは江戸くらいなものだといいます。

その江戸でも立ち小便はされていたようで、『トイレ考・屎尿考』（NPO日本下水文化研究会・屎尿研究分科会編）が紹介するように、太宰治の『斜陽』（一九四七）にはこんなくだりがあります。

「お母さまは、つとお立ちになって、あずまやの傍の萩のしげみの奥へおはいりになり、それから、萩の白い花のあいだから、もっとあざやかに白いお顔をお出しになって、少し笑って、『かず子や、お母さまがいま何をなさっているか、あててごらん』とおっしゃった。〜（中略）〜『おしっこよ』とおっしゃった。ちっともしゃがんでいらっしゃらないのには驚いたが、けれども、私などにはとても真似られない、しんから可愛らしい感じがあった」

『トイレ考・屎尿考』では「昭和一〇年代の東京の山の手の住宅地でも、この風習が残っていたのです」といいます。

「男はつらいよ」の寅さんの言う「粋な姉ちゃん立ち小便」というのはこうした感じをとらえているのでしょう。

しかし地方では戦後も女の立ち小便が行われていたことは、うちの夫の証言からも明らかです。

夫（新潟県糸魚川の海沿い出身）によれば、夫の明治生まれの祖母は、山での畠仕事では立ち小便をしていました。祖母だけでなく、隣の婆さんもやっていた。要するにその年代のおばあちゃんたちは畠仕事の時はみんなやっていたそうです。

夫は昭和三十一年生まれ。小さいころのことというので、昭和三十年代、一九五〇年代終わりから六〇年代初めにかけてのことです。高度成長期に入る前まで、越後の漁村では女の立ち小便が行われていたのです。

と、女の立ち小便は、過去のものかと思いきや、アメリカで暮らしていた知人によれば、欧米では女性用の立ちション補助具が売れているといいます。

日本では主にアウトドア用に売られていますが、とくにアメリカでは流行っており、性差に違和感をもつ意識の高い人たちに受けているらしい。

思えば夫の祖母が立ちションしていたのは畠仕事の最中です。いちいちしゃがんで裾を汚すより、ぱっぱと立ちションで済ますほうが合理的だし、女の社会進出が当たり前になった現代では、立ちションのほうが時間短縮になっていいかもしれない。現にお風呂では立ちションしている、トイレで流すよりエコだし……という若い女性の声も聞きます。

そう考えると、江戸時代の京女や夫の祖母は、アクティブな未来の女を先取りしていたのかとさえ思え、「粋な姉ちゃん立ち小便」という寅さんの口上の「粋」ということばにも、より味わい深いものを感じるのです。

「永田某は年は十八、九であろう。発狂し、昼夜の別なくうたったり泣いたりしていた。目は赤く熱があった。私が迎えられ診察したところ、脈は浮脈（軽く触れるだけで脈が取れる状態）で滑脈（滑らかに転がるような脈）、みぞおちがつかえて苦しい状態だった。臍のあたりに動悸があり、飲食過度で便秘していた。経（中国最古の医学書『黄帝内経』？）によると狂妄で目が赤いのは火盛という。火は熱のことである。胃の中に熱があれば、飢えを招き過食となって、大便は必ず堅くなる。これに降火湯と下気円を与えたところ、七ヶ月あまりでもとのように全快した」

〝永田某者。年可十八九。発狂。歌哭不舎昼夜。目赤而熱。迎余。診之。脈浮而滑。心下痞。当臍有動気。飲食過度。大便秘。経曰。狂妄目赤。言火盛也。火者言熱。胃中有熱。即消穀引食。大便必堅。与之降火湯及下気円。七月余。而全復故〟『癲癇狂経験編』

〈精神病の発見〉

江戸時代は、日本の精神医学にとって革命的な時代です。

それまで物の怪や狐憑きのせいとされていた精神病が、

「気違い（きちがい）という言葉で表現されるように、人と人との間にある気の違い、つまり対人関係における違和としてとらえられ、また乱心・乱気という言葉がしめすように、心・気つまり精神の乱れとして認識されるようになった」（立川昭二『日本人の病歴』）。とくに江戸後期に至ると、本格的に精神病を分析した本や症例集が出てきます。その第一人者が香川修徳（一六八三〜一七五五）です。

漢方医の香川修徳は「自らの臨床体験をもとに」三十巻に及ぶ医学全書『一本堂行余医言』（一八〇七）を著しましたが、その第五巻が「精神医学の項に相当している」（小俣和一郎『精神医学の歴史』）。

香川修徳は、それまで物の怪や狐のせいにされていた精神病を、はじめて医学としてきちんと取り上げた日本の医師なのです。

以下、彼の『一本堂行余医言』の原文を呉秀三編『醫聖堂叢書』によって見ていくと、〝癇〟は〝驚癲狂〟の総称といい、今でいう鬱、潔癖症、小児のひきつけ、産後の精神異常、統合失調症的な症状が挙げられています。それらは〝野狐〟の祟りなどではなく、真に狐が憑いている者は百千のうちで一、二であるといいます。狐憑きを完全に否定しているわけではないものの、ほとんどが科学で説明できる症状だというのです。

興味深いのは、精神病の症状として、〝不食〟〝不寝〟（不眠）〝悸〟（動悸）などと共に〝不大便〟を挙げていることです。

これは〝不食〟の病と同じく婦人に多いといい、

「その症状は、最初のころはふだん通りに飲食しているが、久しくなると服も着替えず、それではじめて不審に思うようになる。だんだん飲食が減っていく」（〝其證。初時飲食如常。及其久不更衣。而後始親自疑怪。稍減飲食〟）

などとあります。要するに大便が二十日三十日以上出ないという大きな症状があって、「これまた〝癇〟の病の一つであるが、従来の医書には、いまだかつてそれに言及する者がいないのはどういうことか」（〝此亦癇中之一候。従前医書。未嘗有言及者。何哉〟）と。

うんこが出ないということは〝癇〟すなわち心の病の一症状だというのです。

〈心の病と糞詰まりの関係〉

そもそも昔の医学では、下痢の治療法は記されても便秘に注目されることは少ないものです。手持ちの中国の古典的な医学書『金匱要略』を見ても、下痢の症状や治療法の記述はあるのに、便秘に関するものは見当たりません。

まして心の病とうんこの関係は近世に至るまでしっかり論じられたことはないのです。

それが香川修徳が精神異常に絡めて便秘を論ずると、以後、医学者たちは患者に向き合う際、大便に目を配るようになります。

喜多村良宅の『吐方論』（一八一七）には、〝大便軟〟（軟便）、〝大便時秘結〟（時に便秘）、〝大便難〟（便秘がち）、〝大便不行〟（大便が出ない）、〝大便閉結〟（大便が閉じて出ない）といった文字が見えます。

これをさらに進めて、精神病者の排便の様をつぶさに記録したのが土田《つちだ》獻《すすむ》の症例集『癲癇狂経験編』（一八一九）です。

同書の症例は本によって数が違いますが、ここでは『醫聖堂叢書』を底本にして話を進めると、大便について記されているのは五十八例中三十六例。うち〝大便秘〟（便秘）が二十一例、〝大便難〟（便秘がち）が十二例、〝大便鞕（硬）〟（大便が硬い）が二例というもので、大便について言及されている三十六例中、実に三十五例、九十七パーセント以上が便秘傾向です。

その症例は、不安が強く死のうとするもの、不眠・妄言、いまでいう鬱病や双極性障害、統合失調症、不安神経症といった、精神科や心療内科にかかってしかるべき症状ばかりです。

便秘と心の病には関連性があるわけで、この節冒頭に挙げたのはその一例です。

何を隠そう、この私も思春期以降、便秘がちで、今も甘いものを食べ過ぎたり、運動不足になると便秘になります。そして決まって憂鬱感に包まれます。

なので、うんこが出ないことと心の状態に深い関係があるという香川修徳の説には、膝を打ちました。

最近でこそ、腸は第二の脳と言われたり、腸内フローラ（腸内細菌）と心との関係が注目されたりして、健常者の腸内フローラ（要はうんこ中の菌）を鬱病患者の腸内に移植したところ、鬱が軽快したというようなことが報じられるようになりました。

うんこは「体調を整えるサプリ開発や難病の治療など、さまざまな可能性を秘めている」「茶色いダイヤ」と呼ばれて注目を集め、新型コロナとの関連も注目されています。香港中文大医学部の研究チームが「入院していた軽症から重症の患者の便を調べたところ、重症者では抗炎症作用があるとされる菌が特に少ない傾向にあった」といい、腸内細菌の医療への応用が期待されています（二〇二〇年八月二十日付け「朝日新聞」夕刊）。

うんこと心身の病気の関係が研究され、取り沙汰されるようになってきたのはごく最近のこと。

それが、日本ではじめて心の病を実証的・科学的に分析した香川修徳や後続の土田獻らはすでに二百年以上前に、うんこと心の関係を指摘しているのですから、江戸時代の医学、恐るべしです。

心の働きも身体と一体となっているという東洋医学の考え方が見直される今、うんこと心の関係にいち早く気づいた江戸の漢方医に敬意を表したいと思います。


〈うんこと薬〉


とはいえ実は、うんこに薬効を求めること自体は、太古の昔から行われていました。

厠の研究で知られる李家正文によれば、

「もともと、くそといふ国語の意味は、草、瘡、腐る、奇し、楠、薬、癖、曲、屎といふ言葉でわかるやうに、香ぐはしきもの、異香を放つもの、奇しきもの、霊妙なもの、変はつたもの、腐つたものといふ意味をもつてゐる同系の言葉であつて、もとはくすといつたものらしく、沖縄ではいまも屎をくすと発音してゐる」（『古代厠攷』）

と言い、屎と薬は同根でした。

同氏の『糞尿と生活文化』によると、古代エジプトでも古代中国でもうんこは解毒薬としても使われていました。

中国の医学書からの引用をベースとした日本最古の医学書『医心方』にも、うんこを薬にした例が多々あります。

狂犬にかまれた時、

「人糞を傷に塗れば大そう良い」（以下、現代語訳は槇佐知子全訳精解『医心方』巻十八より引用）

とあるほか、狂犬以外の普通の犬にかまれた場合でも、

「牛糞のあたたかいものを傷に塗ること」

などとあります。動物のうんこを傷口に塗るということは古代中国では広く行われていたのか、ミミズの糞、ネズミの糞も使われている。また、骨折で骨が割れた場合には、

「骨が割れた直後に、あたたかい馬糞を患部につければ、あとが残らない」

金属による傷の治療法として、

「馬糞を焼いて患部につけること」

などなど、たくさんのうんこが治療薬として登場します。

うぐいすの糞が美白効果があるというので洗顔料に使われているのは有名な話で、また、インドネシアではジャコウネコの糞から取り出したコーヒー豆のコーヒーが珍重されていますが（私も飲んだことがあり凄くおいしかったです）、臭い人糞を肥料にするだけでなく、医薬成分を見いだして活用せんとする古人の発想と執念には驚かされます。うんこを医療に利用しようという試みは千年以上前から行われていたわけです。

〈うんこと健康〉

うんこの様子で健康状態を知るというのも昔から行われていたことで、日本では引き出し式の樋箱によって医師が便をチェックしていました。

中国の元の時代の『全相二十四孝詩選』をベースに作られた御伽草子の『二十四孝』（室町中期以降）では、父の病気を案じる孝行息子が、医者に、

〝病者の糞を嘗めてみるに、甘く苦からばよかるべし〟

と言われ、

〝やすきことなり〟

と、父のうんこを嘗める話もあります（「庾黔婁《ゆきんろう》」）。

結果、

「味わいが良くなかった」（〝味はひよからざりける〟）

ため、息子は父が死ぬことを悲しみ、北斗星に身代わりに立つことを祈った、といいます

が、その後、どうなったかについては物語は伝えていません。

〈呉王のうんこを嘗めて命をつないだ越王〉

うんこを嘗めるということは古代中国では実際に行われていたのでしょうか、故事にもとづく「嘗糞《しょうふん》」という慣用句もあります。

「はなはだしく人にへつらって恥を知らないことのたとえ」(『日本国語大辞典』)というのですが……。

もととなった『呉越春秋』(紀元一世紀後半～二世紀前半)第七「勾践入臣外伝」の話を読むと、ちょっとへつらうというのとは違うような、とんでもないエピソードなのです。

と、その前に説明すると、呉と越というのは、敵味方が同じ場所に居合わせる、もしくは協力するという意味の「呉越同舟」という慣用句からも分かるように、長年敵対して争う国どうしでした。

とりわけ劇的なのは越王勾践《こうせん》と呉王夫差《ふさ》の興亡で、司馬遷の『史記』(紀元前九一)にも両国の戦いの様が伝えられています(「呉太伯世家第一」「越世家第十一」)。

そんな『史記』にはない驚くべきエピソードが『呉越春秋』第七「勾践入臣外伝」には収められているのです。

以下、佐藤武敏による訳をもとに説明すると……(「　」内は佐藤氏による『呉越春秋』訳)。

越王勾践は呉王闔閭《こうりょ》を死に追いやったものの、あとを継いだ呉王夫差に敗れ、夫婦で呉王の奴婢となることを表明、紀元前四九二年、文種《ぶんしょう》と范蠡《はんれい》の重臣二人を伴い呉に入ります。呉の重臣は越王を殺すよう呉王に勧めますが、呉王は殺しません。呉には太宰嚭《たいさいひ》という佞臣《ねいしん》がいて、越から賄賂を受け取っていたため、越王の処刑に反対していたのです。つまりは呉国のことなどみじんも考えていない。自分の利益を最優先しながら王におもねる悪い奴に、呉王はまんまとだまされていた。この時点で呉王のダメさと甘さが分かります。

そんなある日のこと。病気がなかなか治らぬ呉王は、

「私の病気が癒《い》えたら、太宰［嚭］のために越王を赦そう」

と言った。佞臣・太宰［嚭］のアドバイスで越王の処刑に反対しただけでなく、自分の病が治ったら越王をゆるすと言うのです。

越王にとっては大チャンス到来。

重臣の范蠡に尋ねたところ、占いによれば呉王の病は己巳《きし》の日がくれば治るといいます。范蠡曰く、越王は呉王の病気を見舞いたいと求めた上で、

「呉王の糞を求め、それを嘗め、顔色を見、拝礼して祝うべきです」

と。その上で、

「それは死ぬような病気ではないといい、癒えて起き上がる日を約束」することで、信頼を勝ち取ろうというのです。

そこで越王は、呉王が大小便をしたあと、太宰の捧げる大小便を乞い、それを嘗めた上で、

宮中に入り、范蠡のアドバイス通りに呉王の病が癒えることとその時期を教えます。

「どうしてそういうことが分かるのか」

呉王が問うと、越王は答えました。

「卑しい臣である私はかつて専門の先生につかえ、聞いたところによると、糞便は穀の味に順《したが》い、四時の気に逆らうものは死に、四時の気に順うものは生きるということでした。今、私がひそかに大王の糞便を嘗めてみたところ、その大便の味は苦く、また辛く、酸っぱかった。この味こそ春夏の気に応ずるものです。そこで私は前のようなことを知った次第です」

すっかり信用した呉王は、越王を石室から宮室に移しました。そして呉王の病気がすっかり治ると、越王はゆるされ、晴れて祖国に帰国します。その後、策略を巡らし呉を攻撃し、呉の太子を殺害。紀元前四七三年、呉王は自害して呉は滅亡することになるのです。

〈「砂を噛むような」ならぬ「糞便を食べるような」〉

呉王と越王の興亡は史実ですが、うんこ話は『史記』などになく、どこまで本当かは不明です。

しかし現代でも、便は健康をはかるバロメーターとして重視されています。

古代中国では医者は病人のうんこを嘗めて確かめていたのか、それで父のうんこを嘗めて病状を調べる『二十四孝』のような話もあったのかとも思うのですが……。

排泄物で健康状態をはかるというなら、においや形状の目視で十分なのではないか。

『呉越春秋』にしても専門家に聞いたとあるだけですし、『二十四孝』では医者ですら自分で確かめようとしていません。もしもうんこの味で健康状態が分かるとしたら膨大なデータが必要であろうという気もします。

そう思うと、嘗めるというのはよほどの孝子か忠義者でなければなし得ないというので生まれた作り話の可能性もあるのではないか。

いずれにしても、『呉越春秋』の著者・趙曄はうんこ話が好きなのか、ほかにも「糞種《ふんしゅ》」（第五「夫差内伝」）、「餌《もち》のようなものを糞便でもかむようにしている」「食事も糞便を食べるようなまずい仕儀となった」（第十「勾践伐呉外伝」）といった言い回しがあって興味深いのです。

「糞種」とは、盛夏の時に生瓜を食べ、道ばたで糞をする、そこから実がなったものを言い、秋の霜がおりたあとのものは人々は嫌って食べないといいます。

また、「糞便を食べるような」ということばが出てくるのはこんな文脈です。

越王が呉を亡ぼすと、それまで呉を亡ぼすための策を授けていた重臣の文種に冷淡になったので、文種は食事もとらず、餌（餅）のようなものを糞便をかむようにしていたというのです。

佐藤氏の注によると、原文は〝哺其耳以成人悪〟で諸説あるようですが、〝人悪〟は〝大溲〟のことといい、大溲とは調べると大便の意のようです。

こうした越王の変心をもう一人の重臣の范蠡は見越して、あらかじめ船で失踪、文種にも、

「越王は必ずや子《きみ》を殺そうとするだろう」

と王から離れるよう忠告していたのですが、文種は同意しなかった。それが案の定、用無しとなった文種に越王は冷たくなり、讒言もあって追いつめられた文種は引きこもって食欲をなくしたわけです。やがて越王は文種を召して言います。

「そなたには秘策の兵法があるが、敵を滅ぼし、国を奪い取るものである。その九つの術の中、今までその三つを用い、すでに強呉を破った。しかし残りの六つはそなたの胸中にある。残りの術は地下に眠る私の前の王、かつて呉を伐とうと謀った祖先のところで用いてくれれば幸いである」

つまりは文種に死を命じたのでした。

越王勾践、恐るべし、范蠡の洞察力、鋭し、です。

同様の話は『史記』にもあるので（「越世家第十一」）、実際にこのようなやり取りがあったのでしょう。ただし『史記』では九つの術ではなく七術で、糞便を食べるような、といったくだりはありません。ここでも『呉越春秋』の著者のうんこ好きが浮き彫りになっています。

ちなみに『呉越春秋』によれば、

「越王は大小便を嘗めてから、とうとう口臭を病むことになった。范蠡はそこで側のものたちがみな岑《しん》草を食べ、越王の臭気をかきけすようにした」

といいます。

「岑草」とは佐藤氏の『呉越春秋』の注によるとドクダミのこと。越王自身が食べるのでなく、周囲の者が食べることによってかき消すというのは、毒を以て毒を制するという感じでしょうか。果たして効果があったのか、よく分かりません。

おわりに

この本を書き始めた二〇一八年から足かけ四年、うんこ（のこと）で頭がいっぱいでした。古典文学に見えるうんこネタをファイリングしてきた年月を含めると数十年間、うんこについて考え続けてきました。

二〇一九年末、一通り書けたところで、翌年コロナ禍に見舞われ、世界が一変、色々なことが延び延びになったのは周知のことですが、この本も例外ではありませんでした。

そんな中、やっと本書が日の目を見る運びとなって、長年の便秘が解消されるような爽やかな気持ちになっています。

私がうんこに興味を持ったのは、古典文学に描かれるうんこの重み、うんこの描かれ方にひそむ日本人の心性と歴史的背景に惹かれたのと、ともすると便秘になりがちな体質であったからでもあります。

そんなわけで、いつかうんこ本を書きたい、出したいと願い続け、今その夢が叶ったわけです。

書き終えて痛感するのは、うんこにはファンタジー、夢があると同時に、夢ばかりでは語れぬ超現実の脅威があるということです。

ここ数年、『うんこ漢字ドリル』が大ヒットするなど、うんこを大っぴらに語れる雰囲気が形成されてきた一方で、東京オリンピックの水泳競技場となる予定の海で国際水泳連盟が定める基準値の最大七倍のふん便性大腸菌が検出されたとか（橋本淳司「オリンピック水泳会場への汚水流入をどう防ぐか」……ヤフーニュース二〇一九年八月十四日 https://news.yahoo.co.jp/byline/hashimotojunji/20190814-00138355/）、台風による浸水被害でトイレが使えなくなったタワーマンションが「うんこマンション」と呼ばれるなど、うんこの脅威を身近に感じる出来事や報道が相次ぎました。

今よりはトイレも単純構造だった昔と違い、電気や下水が整備されているだけに、自然災害に弱いトイレ事情が浮き彫りになった形です。

しかもオリンピックの競技予定の件では、下水が「整備されている」という認識も、あやしいことが分かってきました。

東京都下水道局の「合流式下水道の現状と課題について」（https://www.gesui.metro.tokyo.lg.jp/about/pdf/currentproblem.pdf）によると、下水道には「『汚水』と『雨水』を別々の下水道管に流す分流式下水道と、『汚水』と『雨水』を一つの下水道管に流す合流式下水道」があり、二十三区では「合流式」が八割となっています。

「合流式下水道を採用したことにより、1本の下水道管で整備がすみ、早期で安価な整備が可能」となったものの、問題は強い雨が降った時で、「強い雨が降ると、市街地を浸水から守るため、吐け口やポンプ所から3Qを上回る汚水まじりの雨水を河川や海などに放流せざるを得」ない。3Qとは「晴天時の汚水量（1Q）の3倍（3Q）」のこと。結果、河川や海に汚物が放流されることになります。

汲み取り式トイレと違い、一見、清潔な水洗トイレではありますが、最終的に海に糞尿が辿り着くという点では大差ないという事実に、打ちひしがれる思いがします。

同時に、うんこの脅威とは、実は人間そのものの脅威なのだ、と思い至ります。ヒトをはじめとする恒温動物は、体温を一定に保つために大量の食糧を必要とする。当然、うんこも蛇などの変温動物と違って大量にならざるを得ない。実に効率の悪い生き物なのです。うんこはいわば、人の「内なる自然」であり、自然災害はその内なる自然が牙をむく引き金というわけです。

本書では、文学や歴史書に描かれたうんこに光を当てましたが、どんなに時代が進み、科学が発達しても、ヒトが変温動物にでも進化（あるいは退化）しない限り、うんこの脅威という自身の凶暴性と向き合っていかねばならないのです。江戸時代の日本人はうんこを肥料に使うことで、いわばうんこと「共存」していたものですが、現代日本人はうんことの新たな共存の道を探る時に来ているのかもしれません。

そんなことを思い知らされた二〇一九年後半でしたが、二〇二〇年以降は、うんこを取り巻く状況も変わってきました。

最終章でも触れたように、うんこは「さまざまな可能性を秘め」た「茶色いダイヤ」（二〇二〇年八月二十日付け「朝日新聞」夕刊）として、ますますその利用価値への期待が高まっています。

うんこには苛酷な現実と同時に、文字通り「夢」のある未来が広がっているのです。

そんなうんこの夢と現実《うつつ》を、これからも見守っていければ、こんなに嬉しいことはありません。

大塚ひかり

年表式うん古典索引

@数字は節ナンバー

紀元前九一
『史記』（中国の歴史書）
呂后本紀第九　呂大后、戚夫人を人豚にしトイレに置く。@5

一世紀後半〜二世紀前半
『呉越春秋』（中国の歴史物語）
第五　「夫差内伝」「糞種」。@12
第七　「勾践入臣外伝」　越王勾践、呉王夫差の糞尿を嘗める。@12
第十　「勾践伐呉外伝」「糞便を食べるような」等。@12

三世紀
『撰集百縁経』漢訳成る
第五（50）　前世の嫉妬により〝糞穢〟を好み、嫌われた天竺の男子。@5

四〇五以降？
『大智度論』漢訳成る
巻十六　釈迦の父王の梵志（バラモン）の師、〝不食五穀〟と偽るも、吐瀉物で露見。@5

五世紀？
『異苑』（中国の怪談集）

八世紀ころ

巻五・十六　トイレに祀られる中国の紫姑神。@5、@7

『紀聞』(中国の伝奇集)

便所の怪。@7

七一二

『古事記』

上巻　イザナミ、死に際に〝屎〟の中からハニヤスビコノ神とハニヤスビメノ神を生む。@1

スサノヲ、アマテラスの〝大嘗之殿〟(大嘗を召し上がる御殿)で脱糞。@1

スサノヲ、尻から食べ物を出したオホゲツヒメを殺害。@4

中巻　母が大便中に神に女陰をつつかれ生まれた乙女、神武天皇の皇后に。@1、@7

タケハニヤスノ王の軍勢、追いつめられて脱糞、〝屎褌〟という地名由来譚。@2、@9

ヤマトタケル、〝廁〟で兄を待ち伏せして殺す。@5、@7

ヤマトタケル、クマソタケルの〝尻〟を刺し貫いて殺す。@8

七一五以前

『常陸国風土記』

村人に大小便をかけられ祟る神。@1

七一五以前	『播磨国風土記』 オホナムチ、スクナヒコネ（スクナビコナ）との我慢比べに負け、脱糞。@2
七二〇	『日本書紀』 神代上［第七段］一書第二　スサノヲ、アマテラスの〝新宮〟（新嘗のために新造された神殿）の御席の下に脱糞。@1 崇神天皇十年九月二十七日条　タケハニヤスノ王の軍勢、追いつめられて脱糞、〝屎褌〟という地名由来譚。@2 孝徳天皇白雉元年二月十五日条　〝倉臣小屎〟。〝くそ〟のつく名。@1、@2
七四九	糞置荘、成立。@2
八世紀後半	『万葉集』 巻第十六　〝屎〟の歌。@3
八六〇ころ	『酉陽雑俎』（中国の奇談集） 厠でほととぎすの声を聴くと不吉。@7
平安中期	『大和物語』 一三八段　〝こやくしくそ〟と呼ばれる人。愛称としての〝くそ〟。@

1

九八四
『医心方』
巻十八　うんこを薬に使う例。@12

九八五
『往生要集』
巻上　人間は〝糞穢〟を盛った瓶。@4
うんこまみれの地獄〝屎泥処〟で〝熱屎〟を食らう罪人。〝その味、最も苦し〟。@4
餓鬼道で〝糞〟を食う鬼。@4

九八六ころ〜九九八ころ
『落窪物語』
ヒロインとの結婚成立の日、〝屎〟がつき引き返そうとする貴公子に、腹心、便臭も〝麝香の香〟のように喜ぶだろうからと、姫のもとに行かせる。@4
ヒロインを犯そうとした老医師、下痢をして失敗。@4

一〇〇〇ころ
『枕草子』
「上に候ふ御猫は」段　〝御厠人〟、虐待された犬を哀れむ。@5

一〇〇八ころ
『源氏物語』
「桐壺」巻　源氏の母・桐壺更衣の送迎の女房、嫉妬により汚物を撒

	かれる。@5 「常夏」巻　内大臣（もと頭中将）落胤の姫、便器処理係もこなすと言い、父に笑われる。@5
一〇四〇	『春記』長暦四年（長久元年）六月十五日条 関白藤原頼通、部下のおならに流罪を検討。@8
一一三〇ころ	『今昔物語集』 巻第二第三十六　前世の罪で〝糞穢〟を好み、嫌われた天竺の男子（『撰集百縁経』が出典）。@5 巻第三十第一　平中、本院侍従の便器を盗み、中身をすすり嘗める（鎌倉時代の『宇治拾遺物語』所収の同話ではすすり嘗めず）。@4
一一六一ころ	『富家語』 第一八四条　源信雅・成雅父子の〝後《うしろ》〟。@8 第二五六条　侍の主たる仕事はトイレに仕えること。@5、@7
十二世紀末	『餓鬼草紙』 〝糞〟を食らう鬼。@4 高下駄を履いて野糞をする人々。@5
鎌倉時代	『宇治拾遺物語』

巻第二（19）尊い聖の大量うんこで〝糞の小路〟と呼ばれた道、錦の小路と改名。@5

巻第三（50）平中、本院侍従の便器を盗む。@4

巻第五（76）若い女房、僧の作った暦に〝はこ〟（うんこ）すべからずとあるのに従い、失神。@9

巻第十二（145）穀断聖、〝糞〟で詐欺がばれる（『日本文徳天皇実録』、『今昔物語集』に同話。『大智度論』が影響?）。@5

鎌倉時代? 『稚児草子』

パトロンの老僧のため、尻の穴を広げる稚児。@8

一二三一または一二三三～ 『正法眼蔵』

一二五三 「洗浄」巻 事細かなトイレマナー。@6

「袈裟功徳」巻 〝糞掃衣〟は最上の衣。@6

一二五四 『古今著聞集』

巻第十六（546）小便用の家の〝穴〟。@5

一三三〇～一三三一ころ 『徒然草』

四十七段 くしゃみをした時のまじないとしての〝くさめ〟。@11

十五世紀 『福富草紙』

高下駄うんこスタイル。@5
おなら芸で〝糞〟をしてしまう隣の福富。@8

室町中期以降
『二十四孝』
「庾黔婁」　孝子、病気の父のうんこを嘗める。@12

一六一〇序（一六二四〜一六四三ころ成立?）
『三河後風土記』
巻第十三　徳川家康、敗走の際、脱糞。@9

一六二三
『醒睡笑』
巻之六　男色と稚児のおならの音〝夫《ぶ》〟。@8

一六二四ころ?
『きのふはけふの物語』
下18　男色と〝けが〟（おなら）。@8
下19　男色と〝ずい〟とやらかしたおならの臭気。@8

一七四一
『夏山雑談』
厠でほととぎすの声を聴くと禍がある（中国『酉陽雑俎』が出典）。@7

一七七二
『鹿の子餅』
古人の〝糞〟をコレクションする男。@10

一七七七　『放屁論後編』
エレキテルから火が出る仕組みも、体内から糞尿や屁が出る仕組みも、同じ天地の道理。@8

一七七九　『今昔画図続百鬼』
大晦日の夜、厠で〝がんばり入道郭公〟と唱えると妖怪を見ない。@7

一七八七　『通言総籬』
うんこ尽くしの序。@10

寛政年間（一七八九〜一八〇一）
江戸の下肥の値段は延享・寛延年間（一七四四〜一七五一）の三倍に（葛飾区郷土と天文の博物館『肥やしのチカラ』展示図録による）。@10

江戸後期　『反古のうらがき』
トイレの怪談。@7

一八〇二　『列国怪談聞書帖』
大和国泥川の変質者の亡霊、トイレにストーカー。@7

一八〇二〜一八〇九	『東海道中膝栗毛』 発端　〝犬の糞〟も各自の家の前しか掃除しない長屋の者。@11 初編　馬方の挨拶としての〝くそをくらへ〟。@11 　〝馬の糞〟とも知らずに女の口へ押し込む。@11 四編下　罵り語としての〝くそをくらへ〟。@11 五編上　くしゃみした時のまじないとしての〝くそをくらへ〟。@11 五編追加　関西の女は立ち小便する。@11 六編下　〝牛の糞〟を踏む。@11 八編下　江戸より上方のほうがうんこの値段高く、小便も汲み取り対象。@10
一八〇七	『一本堂行余医言』 精神病の症状として〝不大便〟を挙げる。@12
一八一九	『癲癇狂経験編』精神病者の排便の様をつぶさに記録。@12
一八三〇	『嬉遊笑覧』 巻之一上　女の立ち小便。しゃがんでするのは江戸だけ。@11
一九〇四〜一九〇五	日露戦争旅順攻囲戦で排泄物を投げ合う（藤田昌雄『陸軍と厠』による）。@9

一九三七
『糞尿譚』
没落豪農出身の青年、糞尿汲み取り事業で痛い目に遭い、糞尿をぶちまける。@3

一九三九～一九四五
第二次世界大戦時の「決戦便所」（藤田昌雄『陸軍と厠』による）。@9

一九四七
『斜陽』
「お母さま」が立ち小便。@11

一九六〇年代
著者の夫の新潟県糸魚川に住む明治生まれの祖母、畠仕事で立ち小便。@11

一九七〇
「男はつらいよ」第三作公開
「けっこう毛だらけ　ネコ灰だらけ　お尻のまわりはくそだらけ」
「四谷赤坂麹町、チャラチャラ流れるお茶の水、粋な姉ちゃん立ち小便」など。@11

一九八四
「男はつらいよ」第三十四作公開
「いつまでも茶づけ食っているんじゃないよ、口の中で、うんこになりますよ」。@11

二〇〇二　北九州の連続監禁殺人事件で、犯人は被害者の排泄を制限。@9

二〇一二　尼崎の連続監禁殺人事件で、犯人は被害者の排泄を制限。@9

二〇一七　『うんこ漢字ドリル』シリーズが大ヒット。@おわりに

二〇一九　『純子』
下肥汲みの貧家に生まれた美少女、神的存在と交流。@4

二〇一九　オリンピックの競技場で国際水泳連盟が定める基準値の最大七倍のふん便性大腸菌が検出。@おわりに

二〇一九　台風による浸水被害でトイレが使えなくなったタワーマンションが「うんこマンション」と呼ばれる。@おわりに

二〇二〇　うんこ、「茶色いダイヤ」として脚光浴びる。@12、@おわりに

参考原典

本書で引用した原文は以下の本に依る。

黒板勝美・国史大系編修会編『尊卑分脈』一～四・索引　新訂増補国史大系　吉川弘文館　一九八七～一九八八年
山口佳紀・神野志隆光校注・訳『古事記』新編日本古典文学全集　小学館　一九九七年
小島憲之・直木孝次郎・西宮一民・蔵中進・毛利正守校注・訳『日本書紀』一～三　新編日本古典文学全集　小学館　一九九四～一九九八年
植垣節也校注・訳『風土記』新編日本古典文学全集　小学館　一九九七年
高橋正治校注・訳『大和物語』……『竹取物語・伊勢物語・大和物語・平中物語』日本古典文学全集　小学館　一九七二年
小島憲之・木下正俊・佐竹昭広校注・訳『萬葉集』一～四　日本古典文学全集　小学館　一九七一～一九七五年
阿部秋生・秋山虔・今井源衛校注・訳『源氏物語』一～六　日本古典文学全集　小学館　一九七〇～一九七六年
三谷栄一・三谷邦明校注・訳『落窪物語』……『落窪物語・堤中納言物語』新編日本古典文学全集　小学館　二〇〇〇年
『往生要集』……石田瑞麿校注『源信』日本思想大系　岩波書店　一九七〇年
山田孝雄・山田忠雄・山田英雄・山田俊雄校注『今昔物語集』一・二　日本古典文学大系　岩波書店　一九五九・一九六〇年
馬淵和夫・国東文麿・稲垣泰一校注・訳『今昔物語集』一・四　新編日本古典文学全集　小学館　一九九九・二〇〇二年

小林保治・増古和子校注・訳『宇治拾遺物語』　新編日本古典文学全集　小学館　一九九六年
中村幸彦校注『東海道中膝栗毛』　日本古典文学全集　小学館　一九七五年
『本朝皇胤紹運録』……塙保己一編『群書類従』第五輯　続群書類従完成会　一九三二年
青木和夫・稲岡耕二・笹山晴生・白藤禮幸校注『続日本紀』一　新日本古典文学大系　岩波書店　一九八九年
小沢正夫校注・訳『古今和歌集』　日本古典文学全集　小学館　一九七一年
槇佐知子全訳精解『医心方』巻十八・巻二十六　筑摩書房　一九九四年
山根對助・池上洵一校注『富家語』……『江談抄・中外抄・富家語』　新日本古典文学大系　岩波書店　一九九七年
竹鼻績全訳注『今鏡』上・中・下　講談社学術文庫　一九八四年
赤沼智善・西尾京雄訳『撰集百縁経』……『国訳一切経』本縁部五　大東出版社　一九二九年
『花鳥余情』写本（一）……国立国会図書館デジタルコレクション（https://dl.ndl.go.jp/info:ndljp/pid/2546477）
山中裕・秋山虔・池田尚隆・福長進校注・訳『栄花物語』一～三　新編日本古典文学全集　小学館　一九九五～一九九八年
橘健二・加藤静子校注・訳『大鏡』　新編日本古典文学全集　小学館　一九九六年
『スダナ王子の冒険』……中村元・増谷文雄監修／仏教説話大系編集委員会著『仏教説話大系』第25巻　鈴木出版　一九八五年
『異苑』……竹田晃・黒田真美子編／佐野誠子著『捜神記・幽明録・異苑他』　中国古典小説選2　明治書院　二〇〇六年
吉田賢抗『史記』二・五・六　新釈漢文大系　明治書院　一九七三・一九七七・一九七九年
岡教邃訳『雑宝蔵経』……『國譯一切經』阿含部十・本縁部一　大東出版社　一九三一年
松尾聰・永井和子校注・訳『枕草子』　新編日本古典文学全集　小学館　一九九七年
永積安明・島田勇雄『古今著聞集』　日本古典文学大系　岩波書店　一九六六年
『餓鬼草紙』……小松茂美編集・解説『餓鬼草紙・地獄草紙・病草紙・九相詩絵巻』　日本の絵巻　中央公論社

一九八七年
『福富草紙』……小松茂美編集・解説『能恵法師絵詞・福富草紙・百鬼夜行絵巻』続日本の絵巻　中央公論社　一九九三年
黒板勝美・国史大系編修会編『日本文徳天皇実録』新訂増補国史大系〈普及版〉吉川弘文館　一九七九年
『大智度論』（国訳大蔵経　論部第一巻）……国立国会図書館デジタルコレクション（https://dl.ndl.go.jp/info:ndljp/pid/1207474）
中田祝夫校注・訳『日本霊異記』新編日本古典文学全集　小学館　一九九五年
増谷文雄訳『正法眼蔵』一　講談社学術文庫　二〇〇四年
安良岡康作校注・訳『正法眼蔵随聞記』／永積安明校注・訳『徒然草』……『方丈記・徒然草・正法眼蔵随聞記・歎異抄』新編日本古典文学全集　小学館　一九九五年
『反古のうらがき』……谷川健一編集委員代表『日本庶民生活史料集成』第十六巻　三一書房　一九七〇年
『紀聞』……前野直彬編訳『唐代伝奇集』2　東洋文庫　平凡社　一九六四年
『日本国見在書目録』（『日本国見在書目録索引』）……国立国会図書館デジタルコレクション（https://dl.ndl.go.jp/info:ndljp/pid/1231415）
今村与志雄訳注『酉陽雑俎』3　東洋文庫　平凡社　一九八一年
『今昔画図続百鬼』……高田衛監修『鳥山石燕　画図百鬼夜行』国書刊行会　一九九二年
『列国怪談聞書帖』……棚橋正博校訂『十返舎一九集』国書刊行会　一九九七年
高田衛校注・訳『雨月物語』……『英草紙・西山物語・雨月物語・春雨物語』新編日本古典文学全集　小学館　一九九五年
『稚児草子』……田野辺富蔵『医者見立て好色絵巻』河出書房新社　一九九五年
岸得蔵校注・訳『田夫物語』……『仮名草子集・浮世草子集』日本古典文学全集　小学館　一九七一年
『根南志具佐』『根無草後編』『放屁論』『放屁論後編』……中村幸彦校注『風来山人集』日本古典文学大系　岩波書店　一九六一年

鈴木棠三校注『醒睡笑』下　岩波文庫　一九八六年
『きのふはけふの物語』『鹿の子餅』……小高敏郎校注『江戸笑話集』日本古典文学大系　岩波書店　一九六六年
『三河後風土記』……愛知県図書館貴重和本デジタルライブラリー（https://websv.aichi-pref-library.jp/wahon/detail/86.html）
桑田忠親監修／宇田川武久校注『改正三河後風土記』上・中　秋田書店　一九七六年
市古貞次校注・訳『平家物語』一　日本古典文学全集　小学館　一九七三年
『通言総籬』……水野稔校注『米饅頭始・仕懸文庫・昔話稲妻表紙』新日本古典文学大系　岩波書店　一九九〇年
長谷川強・江本裕・渡辺守邦・岡雅彦・花田富二夫・石川了校訂『嬉遊笑覧』一　岩波文庫　二〇〇二年
『一本堂行余医言』『癲癇狂経験編』……呉秀三編『醫聖堂叢書』思文閣　一九二三年
丸山清康『全訳金匱要略』明徳出版社　一九六七年
『二十四孝』……大島建彦『御伽草子集』日本古典文学全集　小学館　一九七四年
佐藤武敏訳注『呉越春秋』東洋文庫　平凡社　二〇一六年

参考文献・辞書については本文中でそのつど記した。

装画　五月女ケイ子
系図制作　大塚ひかり
製図　アトリエ・プラン

本作品は書き下ろしです。

大塚ひかり（おおつか・ひかり）

1961年横浜市生まれ。古典エッセイスト。早稲田大学第一文学部日本史学専攻。『ブス論』、個人全訳『源氏物語』全六巻（以上、ちくま文庫）、『本当はエロかった昔の日本』（新潮文庫）、『女系図でみる驚きの日本史』『毒親の日本史』（以上、新潮新書）、『くそじじいとくそばばあの日本史』（ポプラ新書）など著書多数。

うん古典《こてん》
——うんこで読《よ》み解《と》く日本《にほん》の歴史《れきし》

発　行　二〇二一年四月三〇日

著　者　大塚《おおつか》ひかり
発行者　佐藤隆信
発行所　株式会社新潮社
〒162-8711　東京都新宿区矢来町71
電話　編集部（〇三）三二六六-五四一一
　　　読者係（〇三）三二六六-五一一一
https://www.shinchosha.co.jp
装　幀　新潮社装幀室
印刷所　株式会社光邦
製本所　大口製本印刷株式会社

ISBN978-4-10-335094-1 C0095

「線」の思考
鉄道と宗教と天皇と
原 武史

小田急江ノ島線とカトリック、ＪＲ阪和線と歴代天皇——鉄道という「線」を辿れば、隠された多様な日本が現れる。歴史の地下水脈を幻視するミステリー・ツアー！

またいつか歩きたい町
私の町並み紀行
森 まゆみ

来るたびに懐かしい。奇跡のように残った景観は、かけがえのない宝物。秋田県・増田、富山県・城端、島根県・大森など出会いと発見に満ちた12の町へ。
《とんぼの本》

神道と日本人
魂とこころの源を探して
山村明義

清浄を好む国民性、絆をつなぐ祭の力。「日本人らしさ」の原点とは、何か——。全国二百人以上の神職を取材、この国の基層を再発見するノンフィクション。

これは小説ではない
佐々木 敦

小説には何ができるのか。映画、写真、音／楽、演劇といった他分野の表現の極限から、小説の可能性を照射する。現代日本の批評をリードしてきた著者による集大成。

鳥類学者だからって、鳥が好きだと思うなよ。
川上和人

出張先は火山にジャングル、無人島！　耳に飛び込む巨大蛾やウツボと闘い、吸血カラスや空飛ぶカタツムリを発見し——知られざる理系蛮族の抱腹絶倒、命がけの日々。

コラムニストになりたかった
中野 翠

映画と落語とお洒落が好きで、ハヤリモノに関心を持たずにいられない女の子が、いつしか雑誌に連載を持つまでに。70年代から現在までのマスコミ業界クロニクル。